GALERIE VAN DE GROTE MEESTERS

P. Cézanne

Joana Torres Ramos

© 2005 Rebo International b.v.
www.rebo-publishers.com
info@rebo-publishers.com
Deze uitgave: © 2005 Rebo Productions b.v., Lisse

REDACTIE: Jordi Vigué
TEKST: Joana Torres Ramos
FOTOGRAFIE: Arxiu Gorg Blanc
GRAFISCHE VORMGEVING: Paloma Nestares
VERTALING: Studio Imago, Cornelis van Ginniken, Fennie Steenhuis
ZETWERK: AMOS Typographic Studio Praag, Tsjechië

ISBN 90 366 1819 3

Oorspronkelijk uitgegeven door Gorg Blanc S.L.,
onder de titel *Galería de Grandes Maestros. Cézanne*
Copyright © 2005 Gorg Blanc S.L., Barcelona, Spanje

GALERIE VAN DE GROTE MEESTERS

P. Cézanne

Joana Torres Ramos

REBO
PRODUCTIONS

De man, de schilder

De werken van Paul Cézanne zijn technisch gezien ingewikkeld, omdat er veel verschillende aspecten in samenkomen. Zijn opvattingen over kleur, penseelstreek, licht en de schilderkunst in het algemeen vormden ijkpunten die een duidelijke indicatie waren van zijn ontwikkeling. Zonder Cézanne kan alles wat er in het algemeen onder postimpressionisme wordt verstaan en wat de deur opende naar de avant-gardekunstenaars, slechts moeilijk worden begrepen.

Parijs

De vader van Cézanne was een van de rijkste mannen van Aix-en-Provence, maar de toelage die hij zijn zoon Paul gaf, was net voldoende om van te leven en de maandelijkse bijdrage aan de Académie Suisse te betalen. Hij hoopte zo te bereiken dat zijn zoon het schilderen, dat toch geen geld opleverde, zou opgeven en een ander beroep zou kiezen.

Paul ging dagelijks naar de Académie Suisse om naakten te schilderen die daar poseerden. Daar legde hij ook contacten met onafhankelijke schilders als Jean-Baptiste-Armand Guillaumin en Camille Pissarro. Hoewel er uit die tijd een paar traditionelere tekeningen bestaan, waren de meeste op een heel persoonlijke manier gemaakt, want vanaf zijn begintijd was Cézanne liever een expressieve dan een academische schilder en was hij liever visionair dan succesvol.

Paul paste zich niet aan Parijs aan en ook niet aan het kunstenaarsmilieu. In deze eerste periode werd hij, door zijn onzekerheid en het onvermogen zijn artistieke aspiraties in goede banen te leiden, geteisterd door woedeaanvallen die werden afgewisseld door perioden van depressie, met als gevolg dat hij veel van zijn werken vernietigde. Op een gegeven moment had hij schoon genoeg van de Franse hoofdstad en besloot hij terug te keren naar Aix, maar Émile Zola wilde hem in Parijs houden en gaf hem de opdracht

Paul Cézanne, juridische aantekeningen met pentekeningen (1859). Ook toen hij rechten studeerde, bleef Cézanne zijn schriften vol tekenen. Hij wilde dolgraag de faculteit verlaten om zich professioneel aan het schilderen te kunnen wijden.

Een kijkje in Auvers-sur-Oise. Toen Cézanne in de jaren 1870 naar dit dorp verhuisde om te schilderen, ging hij in het huis van de arts Paul-Ferdinand Gachet wonen. Hier maakte hij verschillende gravures.

voor een portret. Het schilderij was al in een vergevorderd stadium maar zou nooit voltooid worden, omdat Cézanne het tijdens een van zijn aanvallen vernielde. Ondanks de inzet en herhaalde verzoeken van zijn Parijse vrienden om te blijven, ging Cézanne in september van dat jaar toch terug naar Aix, waar hij ging werken op de bank van zijn vader.

Nadat was gebleken dat hij niet voor een financiele functie in de wieg was gelegd, keerde hij in 1862 naar Parijs terug. 's Ochtends ging hij naar de Académie Suisse en 's middags werkte hij in zijn atelier of in het Musée du Louvre. Daar bestudeerde hij de techniek van zijn lievelingskunstenaars. Cézanne was een bewonderaar van Michelangelo, Nicolas Poussin, Peter Paul Rubens, Veronese en de school van Caravaggio. Van zijn tijdgenoten gaf hij de voorkeur aan

Pissarro in zijn atelier in Éragny-sur-Epte, rond 1890.

Pontoise eind negentiende eeuw.

Gustave Courbet, van wie hij de werkwijze overnam om de verf zo aan te brengen dat die het aanzien van een sculptuur kreeg. Hij bewonderde eveneens de kracht van Eugène Delacroix en diens nieuwe opvatting van de natuur, en de thematiek van Honoré Daumier.

Hij leerde Jean-Frédéric Bazille, Claude Monet, Pierre-Auguste Renoir en Alfred Sisley kennen. Hij deed, waarschijnlijk voor de tweede keer, toelatingsexamen voor de École des Beaux-Arts, en zakte. Het is niet zeker of dit opzettelijk was, want in die tijd stond Cézanne al buitengewoon kritisch tegenover de gevestigde kunst.

Hij ging liever zo nu en dan op vrijdag naar de avondjes in Café Guerbois, aan de Rue Batignolles 11 (nu Avénue Clichy). Deze bijeenkomsten werden door de criticus Edmond Duranty georganiseerd en werden bezocht door schilders die geestverwanten waren. De gesprekken gingen gewoonlijk over kunstenaars die carrière hadden gemaakt zonder de theorieën van de academie te volgen, zoals Gustave Courbet en Édouard Manet. Maar Cézanne voelde zich niet opgenomen in het milieu van Café Guerbois. Hij was verlegen en op zichzelf, kwam er af en toe, maar nam zelden deel aan de discussies. Zijn grootste angst was 'aangezien te worden voor een domkop' en daarom zweeg hij liever. Bij andere gelegenheden ging hij prat op zijn provinciale manieren. Hoewel Cézanne de aristocraat Manet bewonderde en zich artistiek gezien door hem beïnvloed voelde, was hij regelmatig grof tegen hem. Eens weigerde hij Manet een hand te geven met de opmerking dat deze zijn handen al een week niet had gewassen.

Toch kon hij het goed vinden met een aantal kunstenaars die hij daar leerde kennen, zoals de Provençaal Paul Gigou die vijf jaar ouder was en 'en plein air' (in de openlucht) schilderde. Gigou zou Cézannes eerste landschappen beïnvloeden. Een ander was de eveneens uit de Provence afkomstige Adolphe Monticelli, wiens invloed terug te vinden is in Cézannes stillevens.

Vanaf 1866 ging Cézanne samen met anderen schilderen, maar zijn relatie met hen was altijd tweestrijdig; eerst zocht hij toenadering, om zich vervolgens weer terug te trekken. Deze eenzaamheid zocht hij niet op en bevredigde hem ook niet. Van 1870 tot 1880 schilderde hij vooral met Pissarro, daarna met Pierre-Auguste Renoir en Claude Monet, en in 1898 met Le Bail. In zijn laatste dagen schilderde hij met jonge schilders als Bernard, Camoin en Maurice Denis, en zelfs met mensen die dol op Aix waren, zoals de apothekeres, die hij in zijn rijtuig meenam.

Van 1863 tot 1870 verbleef Cézanne afwisselend in Parijs en de Midi. Toen op 18 juli 1870 de oorlog tussen Frankrijk en Pruisen uitbrak, verliet hij de hoofdstad om te voorkomen

Paul Cézanne, zelfportret met pet, 1873-1875, olie op doek, 53 x 38 cm, Hermitage, Sint-Petersburg. Cézanne schilderde zichzelf altijd met bedekt hoofd, want hij werd al vroeg kaal.

Tekening van Cézanne door Pissarro. Deze schilder was voor Paul veel meer dan een vriend.

Portret van Cézanne door Camille Pissarro in 1874. Behalve de vriendschap die hen bond en die hen samen in de openlucht deed schilderen, had Pissarro ook grote invloed op Cézannes kunst, die op haar beurt Pissarro beïnvloedde.

dat hij werd gerekruteerd. Hij dook onder in het dorpje L'Estaque vlak bij Marseille, in gezelschap van Hortense. Zij was een elf jaar jongere boekbindster die af en toe poseerde en met wie hij al enkele maanden een relatie had.

Uit angst zijn maandelijkse toelage te verliezen, vertelde Cézanne zijn familie niet van het bestaan van Hortense. Toen de politieke situatie weer normaal was geworden, keerden beiden terug naar Parijs en gingen ze dicht bij de Provençaalse schilder Philippe Solari wonen, een vriend van hem uit zijn kindertijd. Een paar maanden later verhuisden ze naar de Rue Jussieu, waar hun enige kind, Paul, op 4 januari 1872 werd geboren.

Gelijktijdig met de geboorte van zijn zoon begon voor Cézanne een nieuwe periode in zijn schilderwerk onder invloed van het door Camille Pissarro overgebrachte impressionisme. Deze van oorsprong Creoolse schilder woonde in Pontoise, 30 km van Parijs. Deze regio wordt beschouwd als de wieg van het impressionisme, waar schilders velden en inwoners uit de streek schilderden, in plaats van wandelaars en boulevards, zoals in Parijs gebeurde.

In de zomer van 1872 vestigde Cézanne zich met zijn gezin in Auvers-sur-Oise, dicht bij Pontoise. Hij en Pissarro gingen bijna dagelijks de deur uit om naar natuurlijk voorbeeld te schilderen. Op het artistieke en op het persoonlijke vlak had Cézanne grote bewondering voor Pissarro.

Na de oorlog

Toen de oorlog voorbij was, kwamen de avant-garde-schilders bijeen in Café La Nouvelle-Athènes, niet alleen om over kunst te praten, maar ook om gezamenlijke activiteiten te organiseren.

Pissarro was de nieuwe leider van deze bijeenkomsten. In 1874 organiseerde hij een expositie van onafhankelijke schilders. Er was geen jury die werken uitzocht zoals dat in de Salon gebeurde, maar de schilders die het meest van belang werden geacht, werden uitgenodigd. Omdat hij wist dat Cézanne ook zou deelnemen, weigerde Manet zijn werk in te leveren, want hij beschouwde Cézanne als 'een bouwvakker die met zijn plamuurmes schildert'. De expositie was in het voormalige atelier van fotograaf Félix Nadar in het centrum van het nieuwe Parijs, naast de nieuwe Opéra. Zoals te verwachten was, werden zowel de persoon Cézanne als zijn werk het meest bekritiseerd.

In 1874 had Cézanne het geluk Tanguy te leren kennen, die door de impressionistische schilders met de koosnaam 'père' (Frans voor 'vader') werd aangesproken, omdat hij schildermateriaal (doeken, penselen, verf, enzovoort) ruilde voor schilderijen die ze hadden gemaakt. Verzamelaars als Victor Chocquet bezochten regelmatig de winkel van Tanguy. Op advies van Renoir werd Chocquet de mecenas van Cézanne.

Twee spotprenten van Cham uit 1869 over de Salon. Omdat veel werken door de Salon werden geweigerd, besloot Napoleon III in 1863 een Salon des Refusés op te richten, waar enkele keren werk van Cézanne werd opgenomen.

Twee spotprenten van Cham in het tijdschrift Charivari, 1877. Tijdens de derde expositie van impressionisten krijgt Cézanne de slechtste kritiek ooit. Hij besluit niet meer te exposeren.

Links: De impressionist.
'Maar dat zijn dooie kleuren!'
'Ja, gelukkig dringt de lucht niet door.'

Rechts: Expositie van impressionisten.
'Mevrouw, wees verstandig, ga er niet heen!'

In het magazijn van Tanguy leerde Cézanne ook Vincent van Gogh kennen, wiens werk hem niet beviel ('hij schildert als een krankzinnige') en maakte hij kennis met Gauguin, die hij omschreef als een 'maker van Chinese plaatjes'. Cézanne bleet Gauguin altijd vijandig gezind.

De 'gewaarwording' van Cézanne – het woord dat altijd tussen aanhalingstekens staat wanneer het zijn werk betreft – is een hoofdthema in zijn leven en in dat van andere impressionistische schilders. In 1895 schreef Pissarro over de tijd dat ze samen buiten hadden gewerkt: 'We waren altijd bij elkaar [...] maar het was wel zo dat ieder van ons zijn individuele gewaarwording, het enige dat telt, behield.'

Cézanne omschreef schilderen als 'réaliser ma sensation', dat wil zeggen, de emotie die hij voelde bij het observeren van de natuur overbrengen in het schilderen. Het was de definitie die Zola in 1867 aan de realistische schilderkunst had gegeven: 'Kunst is een deel van de natuur, gezien door temperamentvolle ogen.'

In 1877 deed hij mee aan de derde overzichtstentoonstelling van impressionisten, waar hij een ruimte deelde met Berthe Morisot. Pissarro en Gustave Caillebotte hielpen hem met de organisatie. Door de felle kritiek die Cézanne op zijn werk ontving, weigerde hij opnieuw te exposeren. Wie zijn werk wel wist te waarderen was Georges Rivière, die een zowel analytische als enthousiaste kritiek publiceerde.

Cézanne tijdens een excursie schilderen in de openlucht, Auvers, rond 1874.

Een gravure in kleur van de Eiffeltoren, die was gebouwd als symbool van de Wereldtentoonstelling in 1889. Aan de voet van de toren, in de Champ-de-Mars, werd een expositie Franse kunst gehouden, waaraan ook Cézanne deelnam.

Paul Cézanne volgens een tekening van Jean-Baptiste-Armand Guillaumin (1873).

de arbeiders van Jas de Bouffan, het landgoed van zijn vader, om model voor hem te staan. Ze beschouwden hem als een vreedzame gek en poseerden graag voor hem.

Het schilderwerk van Cézanne werd steeds ingewikkelder. De schilder kon tussen de ene penseelstreek en de andere tien minuten voorbij laten gaan. Hij voelde zich niet verplicht commercieel werk te maken, want met de toelage van zijn vader kon hij in zijn onderhoud voorzien, al was het sobertjes. In maart 1878 echter onderschepte zijn vader een brief van Chocquet aan Paul, waarin deze sprak van 'madame Cézanne en de kleine Paul'. Zijn vader werd woedend en halveerde de toelage. Cézanne zag zich gedwongen financiële hulp van zijn vrienden te vragen; Zola was degene die het meest aan het levensonderhoud van Cézannes vrouw en kind bijdroeg. Maar een paar maanden later kende Louis-Auguste zijn zoon weer dezelfde toelage toe en verhoogde die zelfs, naar het schijnt dankzij een dienstmeisje van Jas de Bouffan met wie hij een liefdesrelatie had. Om te voorkomen dat er hoge vermogensbelasting over de gelden betaald moest worden, zette Louis-Auguste zijn bezit op naam van Cézannes vrouw en kind.

Op 28 april 1886 trad Cézanne in het huwelijk met Hortense, en erkende daarmee wettelijk zijn enige kind. Maar in werkelijkheid was er niets wat hen bond, want ze leefden al jaren gescheiden, Cézanne in de Midi en Hortense in Parijs. Het samenwonen met zijn vrouw, zijn moeder en zuster was vanaf de eerste dag geen succes.

In 1890 werd bij hem suikerziekte geconstateerd, wat hem soms stoornissen in de hersenen bezorgde. Zijn karakter werd nog opvliegender. Er ontstonden kleine wrijvingen met Pissarro, Renoir en Monet, de enige schilders met wie hij tot dan vriendschappen had onderhouden.

In 1894 overleed père Tanguy. De schilderijen van Cézanne die in het bezit waren van Tanguy, werden opgeëist door Ambroise Vollard. Vollard was een jonge galeriehouder die zou bijdragen aan de verspreiding van Cézannes werk, de verhalen over de schilder en het ontstaan van de legende rondom diens persoon en creatieve ontwikkeling.

Weerzien met de Provence

In de Provence kon Cézanne nadenken over de ontwikkeling in zijn werk en het uitgekauwde impressionistische model. Hij herontdekte de mogelijkheden die het landschap van de Midi bood. De sterke tegenstellingen in vorm en licht sloten aan bij zijn felle manier van schilderen, en de altijd groene vegetatie zorgde ervoor dat hij kon werken in de openlucht, in de rust die hij nodig had. Hij besloot niet meer te exposeren en op een enkele uitzondering na zou zijn werk niet meer publiekelijk worden getoond tot zijn eerste individuele expositie zeventien jaar later.

Naarmate Cézanne gedurende steeds langere perioden in de Provence verbleef en schilderde, herhaalde hij dezelfde onderwerpen: stillevens, schilderkunst in de openlucht, baadsters en portretten. Tijdens de perioden dat hij met Hortense samenwoonde, schilderde hij haar. Ook betaalde hij

Paul Cézanne schildert, in de openlucht zoals hij zo graag deed, een landschap in de Provence. Deze foto is gemaakt in de laatste maanden van zijn leven, rond 1906.

Een kijkje in het atelier van de Lauves, dat Paul in 1901 kocht en dat hij tot het eind van zijn leven gebruikte.

De weg naar roem

In 1895 zette Vollard de eerste individuele expositie van Cézanne op. Sinds 1878 had Paul zijn werk niet meer publiekelijk getoond.

De impressionistische schilderkunst had zich verder ontwikkeld en in die tijd was het werk van Cézanne niet meer zo revolutionair.

In tegenstelling tot het werk van zijn vrienden werd Cézannes werk verkocht voor prijzen die onder de marktwaarde lagen. Hieraan lagen twee oorzaken ten grondslag, ten eerste Cézannes weigering om zijn werk te verkopen als investering voor de toekomst, wat overigens getolereerd werd door Ambroise Vollard, en ten tweede omdat mensen die er geld aan wilden verdienen liever tegen een lage prijs kochten in de hoop dat de schilderijen na verloop van tijd meer waard zouden worden; een reden waarom ze hem ervan bleven beschuldigen een 'onvolgroeide' schilder te zijn.

Cézanne, die er nooit op uit was geweest een succesvol kunstenaar te worden, bleef voor zichzelf en voor een beperkt groepje aanhangers schilderen. Soms liet hij zijn doeken achter in het veld of in hotels en soms deed hij ze cadeau aan bekenden in Aix, die de schilderijen vaak niet op waarde wisten in te schatten. Vollard vond alles goed. Hij ontfermde zich over alles wat Cézanne schilderde; het maakte hem niet uit of het voltooid was of niet. Werk dat in een woedeaanval was beschadigd, liet de kunsthandelaar herstellen. Soms reisde Vollard naar de Provence om de schilderijen te kopen die de schilder aan zijn streekgenoten cadeau had gedaan.

Cézanne betreurde deze manier van omgaan met kunst en schreef aan zijn zoon Paul: 'Het is allemaal diefstal, ijdelheid, hebzucht en zakkenvullerij van mensen die zich je

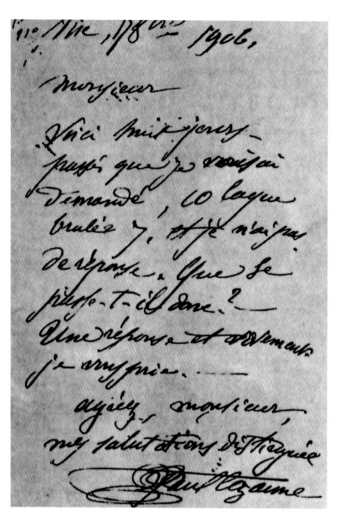

In zijn laatste brief vraagt Cézanne zijn leverancier om verf die hij had besteld.
'Aix, 17 oktober 1906.
Geachte heer, Het is al acht dagen geleden dat ik tien tubes geelbruin 7 bij u heb besteld en ik heb nog steeds niets gehoord. Wat is er gebeurd? Ik vraag om spoedigste reactie. Hoogachtend, Paul Cézanne.'

Manet (1894). Dochter van Eugène Manet, de broer van Édouard, en Berthe Morisot, die al sinds haar tienerjaren een beroemd kunstcritica was. Zij was zeer lovend over het werk van Paul Cézanne.

werk toe-eigenen'. Toch wist hij dat zijn zoon het dubbele kreeg van de overeengekomen marge over de verkoop van zijn werk; hij liet dat ook toe, omdat het gemakkelijker voor hem was dat Paul alle dingen regelde en vooral dat deze allerlei zaken met mensen afhandelde. Cézanne hield zoveel van Paul dat hij diens luie levensstijl ondersteunde, zodat deze zich helemaal kon wijden aan de verkoop van zijn vaders werken. In één ding was Cézanne echter onverbiddelijk: Vollard was de enige kunsthandelaar die zich over zijn werk mocht ontfermen. Hij schreef eigenhandig naar een aantal galeriehouders met wie zijn zoon in onderhandeling was dat er geen sprake was van een eventuele overeenkomst.

In 1896 leerde Cézanne Joachim Gasquet kennen, de zoon van Henri, een vriend uit zijn kindertijd. De schilder voelde dat Joachim, een jonge dichter, een van de weinige mensen in Aix was die hem begrepen en begon een vriendschap die jaren later zou resulteren in een biografie.

Omslag van het boek van Roger Fry over Cézanne.
Dit boek werd in januari 1927 gepubliceerd door Hogarth
Press (een uitgeverij die werd geleid door Leonard en
Virginia Woolf) en werd in Engeland zeer goed ontvangen.

Hij verklaarde tegenover Gasquet: 'Er zijn dagen dat het me toeschijnt dat het universum een en dezelfde golf is, een vluchtige vloeistof van weerkaatsingen, die dansen rondom de ideeën van de mens... Door het kleurenprisma komen we dicht bij God, bij de zeven zaligheden, bij de hemelse topografie van het grote, eeuwige wit, de gebieden die door God van diamanten zijn voorzien.' Het gaat hier om een symbolische interpretatie van de kunst, die schilderkunst en muziek met elkaar verbond.

In 1901 kocht hij een stuk land aan de weg van les Lauves, op een afstand van 800 meter van het centrum van Aix, waar hij een eenvoudig atelier liet bouwen. Elke ochtend ging hij naar zijn atelier, maar de onvermoeibare wandelaar die hij eens was geweest, werd nu gedwongen om gebruik te maken van de diensten van een koetsier. Door zijn suikerziekte leed hij aan oververmoeidheid en hevige hoofdpijnen, en verloor hij zelfs zijn gezichtsvermogen.

Cézanne voelde zich oud en zo deed hij zich bij verschillende gelegenheden ook voor. Ondanks zijn solitaire karakter werd hij geroerd door de bewondering die jonge schilders voor hem hadden. Maurice Denis gaf in 1901 deze bewondering vorm in zijn schilderij *Hommage aan Cézanne*. Het tafereel geeft de galerie van Vollard weer rondom het *Stilleven met vaas, vruchten en mes* van Cézanne, en de schilders Pierre Bonnard, Paul Ranson, Odilon Redon, Kerr Xavier Roussel, Paul Sérusier, een van zijn bewonderaars Édouard Vuillard, André Mellerio, de kunsthandelaar Ambroise Vollard, Denis zelf en diens vrouw. In januari 1905 bedankte Cézanne de redacteur van de *Gazette des Beaux-Arts*, Roger Marx, voor een kritiek: 'Mijn leeftijd en mijn gezondheid staan me niet meer toe om de artistieke droom waar te maken waarnaar ik mijn hele leven verlangd heb.'

Op 15 oktober 1906 was hij aan het schilderen langs de weg van Le Tholonet toen er een onweersbui losbarstte. Cézanne zakte in elkaar en kon niet meer lopen. Hij lag uren in de regen totdat hij werd gevonden door een wasbaas, die hem op zijn kar naar huis bracht. De volgende dag stond hij op om verder te gaan met het portret van zijn tuinman Vallier, maar hij viel flauw. De diagnose van zijn aandoening is onbekend. Zelfs in die tijd werd er onder schilders over de 'mysterieuze ziekte' van Cézanne gesproken.

Vier dagen later schreef zijn zuster Marie een brief naar de jonge Paul, waarin zij hem verzocht zo spoedig mogelijk te komen. Op 22 oktober stuurde madame Brémond hem een telegram waarin stond dat de toestand van Cézanne heel slecht was. Volgens zijn zoon hield Hortense dit bericht achter, omdat ze een afspraak met de naaister had. Toen beiden de volgende dag aankwamen, was de schilder al overleden. Hij stierf op 67-jarige leeftijd.

Toen in 1897 de moeder van de schilder stierf, laaiden de discussies over de erfenis tussen de kinderen op. Om aan het geruzie een eind te maken werd in 1899 het landgoed Jas de Bouffan verkocht. Het is onbegrijpelijk dat Cézanne het niet kocht, want hij was erg gehecht aan het landgoed en zijn financiële situatie liet de aanschaf ervan beslist toe.

Hij was op zoek naar een beter onderkomen en vond een etage in het centrum van Aix. Hij huurde ook de zolder, die hij inrichtte als atelier. Hoewel hij nu alleen woonde, omdat de ruzie rondom de erfenis de broers en zusters uiteen had gedreven, hield zijn zuster Marie wel een oogje op hem. Ze zei tegen madame Brémond, de huishoudster, dat hij met niet meer dan vijftig cent op zak naar buiten mocht gaan, want de bedelaars bij de kathedraal waar Cézanne naar de mis ging, zouden zijn vrijgevigheid kunnen misbruiken.

Zijn fervent katholicisme is voor verscheidene historici een discussiepunt geweest. Hoewel hij in zijn jeugd niet buitengewoon godsdienstig was, zocht hij in de jaren 1880 toenadering tot de kerk. Deels omdat hij zich labiel voelde en behoefte had aan bescherming en deels omdat hij wist dat hij in Aix het middelpunt van kritiek was. Door elke dag naar de mis te gaan, probeerde hij het respect van zijn plaatsgenoten af te dwingen. Niettemin ontwikkelde hij in de loop der jaren een pantheïstisch gevoel over de natuur.

1838-1864

Het landgoed Jas de Bouffan, in 1859 gekocht door Louis-Auguste, de vader van Cézanne.

De bankier Louis-Auguste Cézanne, de vader van de schilder.

1838

■ Paul Cézanne wordt op 19 januari in de Rue de l'Opéra in Aix-en-Provence geboren. Hij is de zoon van het echtpaar Louis-Auguste Cézanne (1798-1886), hoedenfabrikant, en Anne-Elisabeth Honorine Aubert (1814-1897), dochter van een bankwerker uit Marseille.

1848

■ Op 1 juni wordt de vader van Cézanne compagnon van Mr. Cabassol, kassier van de in faillissement verkerende Banque Bargs. Ze richten de Banque Cézanne & Cabassol op, de enige bancaire instelling in Aix en omgeving, wat de nieuwe firma al spoedig doet floreren.

1852

■ Hij wordt inwonend leerling op het Collège Bourbon (tegenwoordig Lycée Mignet) in Aix.

■ Op deze school wordt hij heel goede vrienden met zijn klasgenoten Émile Zola, die een groot schrijver en criticus wordt, en met Jean Baptiste Baille, die later leraar aan de École Polytechnique in Parijs wordt.

1858

■ Na het behalen van zijn middelbareschooldiploma op 8 november – in juli was hij gezakt – volgt hij tot augustus van het jaar daarop lessen die de schilder Joseph Gibert in het Musée Granet in Aix geeft.

1859

■ Ondanks Cézannes belangstelling voor de schilderkunst denkt zijn vader voornamelijk aan zijn zaak en zet hij zijn zoon onder druk om rechten te gaan studeren aan de universiteit van Aix.

■ Het gaat zo goed met het bankbedrijf van Louis-Auguste dat hij Jas de Bouffan koopt, een landgoed gelegen aan de rand van Aix, en ooit het bezit van een hoveling van Louis XIV, voormalig bestuurder van de Provence.

■ Paul krijgt de tweede prijs van de École de Dessin voor een olieverfschilderij.

La place des Pêcheurs in Aix-en-Provence, eind negentiende eeuw.

*Paul
Cézanne
rond 1861.*

1860

▬ Omdat de rechtenstudie hem niet boeit, besluit Cézanne zich niet weer bij de faculteit in te schrijven.

▬ Op de muren van de salon van het landgoed Jas de Bouffan, dat zijn vader een jaar eerder had gekocht, begint Cézanne met het fresco van *De vier jaargetijden*.

▬ Hij studeert tekenen aan de École des Beaux-Arts in Aix. In het provinciale museum bestudeert hij werken uit de school van Caravaggio.

▬ Hoewel zijn tekenleraar Joseph Gibert erop tegen is, begint hij, op aansporing van zijn vriend Émile Zola, met de voorbereidingen van zijn vertrek naar Parijs om schilderkunst te studeren.

1861

▬ Gesteund door zijn moeder en zuster Marie en nadat de onenigheid met zijn vader en met meester Gibert is bijgelegd, vestigt hij zich van april tot september in Parijs, waar hij 's ochtends de colleges van de Académie Suisse bijwoont.

▬ Op de Académie Suisse knoopt hij vriendschappen aan met een aantal schilders, onder wie Achille Emperaire, Francisco Oller, Antoine Guillemet, Armand Guillaumin en Camille Pissarro. Waarschijnlijk is tijdens de periode op de Académie de voorbereiding op toelating tot de École des Beaux-Arts een van Cézannes grootste ambities.

▬ Hij keert ontmoedigd terug naar Aix-en-Provence om te gaan werken bij de bank van zijn vader. Hij blijft echter wel gratis tekenlessen volgen aan de École de Dessin in Aix, waar hij zich bekwaamt in het natekenen van naakte modellen.

1862

▬ In november stopt hij met zijn rechtenstudie en het werk bij zijn vader en gaat hij weer naar Parijs. Hij krijgt van zijn vader een maandelijkse toelage van 125 franc. Cézanne studeert acht uur per dag aan de Académie Suisse. Zijn studies worden gecorrigeerd door Chautard, een schilder uit Avignon.

1863

▬ Dankzij de steun van criticus Ernest Chesneau wordt hij kopiist in het Musée du Louvre, waar hij het liefst schilderijen van Eugène Delacroix kopieert. Deze sterft op 13 augustus van dat jaar. Delacroix heeft op Cézanne een grote invloed gehad, zowel op technisch gebied als op thematisch gebied. Tot aan het eind van zijn leven blijft Cézanne zijn werk analyseren. Hij zal ook *L'Apothéose de Delacroix* schilderen, als een eerbetoon aan de man die hij als zijn grote meester beschouwde.

▬ Hij zet zijn studie aan de Académie Suisse voort, waar hij contact heeft met Achille Emperaire en Camile Pissarro. Af en toe gaat hij naar Café Guerbois, waar hij andere schilders zoals Jean-Frédéric Bazille, Jean-Auguste Renoir, Claude Monet en Alfred Sisley ontmoet.

1864

▬ In juli keert hij terug naar Aix-en-Provence. In augustus verblijft hij waarschijnlijk voor het eerst in L'Estaque, een vissersdorpje aan de Golfe du Lion, die hij in zijn beroemde landschappen vereeuwigt.

▬ In Aix-en-Provence leert hij de jonge geoloog en amateurschilder Antoine-Fortuné Marion kennen, die een bewonderaar van zijn werk is.

Moderne galerie in het Musée des Beaux-Arts in Aix-en-Provence, volgens een ansichtkaart uit die tijd. In dit museum, waarin zich de tekenschool bevond, leerde Cézanne het werk van de beste Provençaalse schilders en de classicistische stijl van Ingres kennen.

Louis-Auguste Cézanne
1860-1863 –
olie op doek –
168 x 114 cm
National Gallery, Londen

Louis-Auguste Cézanne, de vader van de schilder, was een man die zich had opgewerkt. Hij was begonnen met een kleine hoedenfabriek en uiteindelijk kocht hij de enige bank op die Aix-en-Provence rijk was. Bovendien had hij in die tijd zakelijk gezien de wind mee. Hij had bedacht dat zijn zoon Paul de zaak verder zou voortzetten.

Hij had een autoritair karakter dat soms door zijn dochter en oogappel Marie wat bijgestuurd werd. Zij was de enige die hem van gedachten kon laten veranderen en ze kwam vaak voor haar broer Paul op. Bovendien vernielde Louis-Auguste de schilderijen van zijn zoon als die niet aanwezig was, en opende hij jarenlang brieven die aan zijn zoon gericht waren.

Toen Cézanne met dit schilderij begon, hoopte hij nog steeds dat zijn vader hem toestemming zou geven naar Parijs te gaan om daar tekenen en schilderen te studeren.

Op aandringen van zijn echtgenote en zijn dochter Marie gaf Louis-Auguste een paar maanden later eindelijk zijn toestemming, maar alleen op voorwaarde dat zijn zoon zich zou inschrijven bij de École Supérieure des Beaux-Arts. Bovendien wilde hij niet dat Paul afzag van hernieuwde inschrijving aan de rechtenstudie. Hij gaf zijn zoon maandelijks een toelage 125 franc, waarvan deze ruim kon leven en niet genoodzaakt was bijbaantjes te zoeken zoals sommige studenten.

Als blijk van erkenning portretteerde Cézanne zijn vader op dit schilderij, dat hij ophing in de salon van Jas de Bouffan, tussen de allegorieën van *De vier jaargetijden*.

De dieven en de ezel
1860-1870 – olie op doek – 41 x 55 cm
Civica Galleria d'Arte Moderna, Milaan

Cézanne liet zich in 1860 niet inschrijven voor een rechtenstudie, want hij was vastbesloten om in Parijs te studeren aan de École des Beaux-Arts. In die tijd was het voor een kunstenaar moeilijk om zich een positie te verwerven als hij niet aan die school had gestudeerd of niet had geëxposeerd in de Salon. Tussen 1861 en 1863 deed Cézanne twee keer toelatingsexamen en zakte beide keren. Als reden werd opgegeven dat 'hij het temperament heeft van een colorist, maar overdrijft'.

Zijn eigen innerlijke conflicten, de gespannen verhouding met zijn familie en de problemen met het schilderen zijn in Cézannes werken uit deze eerste periode duidelijk aanwezig.

Cézanne zocht via romantische onderwerpen een uitweg. De thematiek van dit schilderij houdt geen enkel verband met de werken die furore maakten in de officiële milieus in het Parijs uit die tijd: klassieke of historische onderwerpen.

Van 1860 tot 1870 verbleef Paul afwisselend in Parijs en in Aix. Hij voelde zich een provinciaal, niet alleen door zijn techniek en schilderthematiek, maar ook omdat hij, vergeleken met de aristocratisch opgevoede Edgar Degas en Claude Monet, ruwe manieren had.

Tegen deze achtergrond ontstond dit werk met typische elementen uit het dagelijks leven. Naast de dieven en de ezel is het landschap de grote hoofdpersoon van het tafereel. Door de invloed van Delacroix krijgt het landschap hier een eigen leven, beweging en een onwerkelijke licht- en schaduwwerking.

De achtergrond wordt dramatisch door een onrustige zee en een donkere hemel die contrasteert met een dikke roze lijn. Hiertegen tekenen zich de figuren en een boom af, waarmee het hele tafereel wordt omkaderd. De onwerkelijke schaduwen versterken het gevoel van geweld in het geheel.

De kleuren, ook beïnvloed door Delacroix, zijn primair: rood, geel en blauw. Cézanne bracht ze in grote kleurvlakken aan.

1865-1869

1865

— Cézanne keert terug naar Parijs. Hij biedt een aantal van zijn werken aan de Salon aan, maar deze worden geweigerd.

— In de inleiding van zijn roman *La confession de Claude* draagt Émile Zola het boek op 'Aan mijn vrienden P. Cézanne en J.B. Baille' (zijn kameraden van het jeugdige 'onafscheidelijke drietal').

1866

— In februari gaat Cézanne weer naar Parijs. Samen met Baille en Coste, zijn vrienden uit Aix, gaat hij naar de avonden die Zola op donderdag in zijn huis organiseert. In de daaropvolgende maanden voegen ook Camille Pissarro, Antoine Solari en Georges Pajot zich aan het gezelschap toe.

— De Salon weigert *Portret van een man* van Cézanne.

— Hij stuurt een brief naar de toezichthouder van de Schone Kunsten, de graaf van Nieuwerkerke, met het verzoek om de herinvoering van een Salon de Refusés – een salon zonder jury – die 'open staat voor elk serieus werk', maar dit verzoek wordt afgewezen.

— Hij brengt de maanden mei tot en met juli door in Bennecourt aan de oever van de Seine, samen met de schrijver Émile Zola, de mislukte schilder Jean-Frédéric Bazille en dichter en criticus Antony Valabrègue. Daar onderneemt hij zijn eerste pogingen om in de openlucht te schilderen. In oktober schrijft hij Zola dat 'alle schilderijen die binnen, in een atelier zijn gemaakt, nooit op kunnen tegen werken die in de openlucht zijn gemaakt.'

Marie, de zuster van Cézanne, op een foto uit 1861. Zij was de middelste van de drie kinderen, en degene die altijd bij hun vader bemiddelde. Zij kon hem als enige van gedachten laten veranderen. Dankzij Marie stemde Louis-Auguste ermee in dat Cézanne in Parijs ging studeren.

— Vanaf augustus is hij weer in Aix, waar hij een portret van zijn vader maakt die de krant leest. Bovendien schildert hij de eerste versie van *De ouverture van Tannhäuser*, een schilderij dat verdwenen is.

1867

— Vanaf februari is hij weer in Parijs. De Salon weigert werken van Jules Guillemet, Alfred Sisley, Pierre-Auguste Renoir, Jean-Frédéric Bazille en ook twee werken van Cézanne: *De wijngrog* en *Dronkenschap*.

— Er verschijnen publicaties met negatieve kritieken over Cézanne, maar in *Le Figaro* wordt hij door Zola verdedigd.

1868

— Hij komt geregeld in het Musée du Louvre, waar hij zijn lievelingsschilders kopieert.

— In mei keert hij terug naar Aix, waar hij een kluizenaarsleven leidt. Hij werkt echter hard aan verschillende werken waarmee hij hoopt deel te nemen aan de volgende Salon.

1869

— In Parijs leert hij Émélie Hortense Fiquet kennen, een boekbindster, die waarschijnlijk af en toe voor hem poseert. Zij is elf jaar jonger dan hij en wordt al spoedig zijn vriendin. Hij houdt deze relatie verborgen voor zijn vader, uit angst dat deze zijn maandelijkse toelage zal intrekken.

— Er begint voor hem een periode van moedeloosheid en onzekerheid.

De Salon, door Stock. Karikatuur uit 1870. Stock tekende een verwrongen Cézanne en twee van zijn door de Salon in 1870 geweigerde schilderijen. Cézanne zei later tegen hem: 'Ook u voelt en ziet net als ik, maar u durft niet… U maakt salonschilderijen.'

Brood en eieren
1865 – olie op doek – 59,1 x 76,3 cm
Cincinnati Art Museum, Cincinnati

In 1865 begon Cézanne zijn eerste stillevens te schilderen en daarmee herontdekte hij dit genre. Hoewel tot dan toe stillevens voornamelijk een weergave waren van het leven van een bemiddelde klasse, gezien het luxueuze voedsel, het tafellinnen, het dure serviesgoed en delicate glaswerk, koos Cézanne altijd voor eenvoudige elementen die afkomstig waren uit de plaats waar hij schilderde, meestal ergens in de Provence.

Iets anders waar Cézanne bij het schilderen van een stilleven op moest letten was de keuze van voedsel. Het moest voedsel zijn dat niet snel bedierf, want zijn schilderwerk kwam altijd maar heel langzaam tot stand. Bij bederfelijk voedsel zoals vlees of vis zou hij deze niet natuurgetrouw kunnen weergeven.

Hier plaatst hij tegen een donkere achtergrond een kroes van messing, twee uien, twee eieren en een half opengevouwen witte doek met daarop twee broden, een glas en een mes.

We zien de smaak van de schilder niet alleen af aan het eenvoudige voedsel, maar ook aan de ruwe manier waarop het is geschilderd. Er zijn geen details als spiegelingen in het glas of het schitteren van het mes. Deze waren wel in de Hollandse stillevens te zien, ook in de meest realistische die er op dat moment werden geschilderd.

We zien ook andere elementen die steeds weer in zijn schilderijen terugkomen. Eén daarvan is het mes dat vanaf de rechterkant diagonaal naar het middelpunt van de compositie loopt. Dit is een door Jean-Baptiste-Siméon Chardin, die door Cézanne werd bewonderd, veelvuldig gebruikt middel. Het geeft een ruimte als deze, die geen achtergrond heeft, diepte en brengt verschillende elementen in de compositie met elkaar in verbinding.

Suikerpot, peren en blauwe mok

1866 – olie op doek – 30 x 41 cm

Musée Granet (depot van Musée d'Orsay), Aix-en-Provence

Dit doek betekende voor Cézanne een echt manifest van zijn schilderkunst. Daarom liet hij het korte tijd later op bijna identiek geschilderde wijze – tot en met dezelfde penseelstreken om elk element weer te geven – terugkeren in het portret van zijn vader, *Louis-Auguste Cézanne leest 'L'Événement'.*

In 1866 had Cézanne een jaar lang stillevens geschilderd, en dit genre leverde zijn schilderkunst meer maatschappelijke erkenning op. Zijn stijl en zijn toegevoegde waarde aan dit genre schemeren al in deze eerste stillevens door. In zijn werk gaf de schilder blijk van zijn kennis van stillevens van Jean-Baptiste-Siméon Chardin en van de Spaanse barok, maar hij ging veel verder door ze veel soberder te behandelen. De achtergrond bijvoorbeeld is donker en homogeen, en het tafeloppervlak is bijna onmerkbaar uitgewerkt met neutrale okertinten.

Het is ogenschijnlijk een eenvoudig stilleven. In het midden staat de suikerpot. Daarvoor liggen drie peren en links staat een blauwe mok.

De weergegeven objecten zijn heel alledaags en ze liggen opgesteld alsof ze toevallig zo achtergelaten zijn, zonder dat er een originele rangschikking is nagestreefd. Dit soort stilleven is typerend voor Cézanne. Er komen nooit pronkerige voorwerpen in voor, maar alleen objecten die in elke willekeurige keukenkast in zijn geboortestreek de Provence te vinden waren.

Onder invloed van de Spaanse barokschilderkunst is de achtergrond zwart, terwijl ook hier het oppervlak waarop de voorwerpen staan, niet goed te duiden is.

Portret van een man (Antony Valabrègue)
~1866 – olie op doek – 60 x 50,2 cm
Collectie J. Paul Getty Museum, Malibu, California

Aangezien de identiteit van deze man onbekend is, heet het werk nog steeds heel algemeen *Portret van een man*. De eerste keren echter dat het werd tentoongesteld, gebeurde dat onder de naam *Portret van Antony Valabrègue*, dichter, criticus en, sinds hun kindertijd, vriend van Cézanne uit Aix-en-Provence. Maar de gelaatstrekken komen niet overeen met die op het in hetzelfde jaar gemaakte schilderij dat expliciet *Portret van Antony Valabrègue* heet, en dat zich momenteel in de National Gallery of Art in Washington bevindt. De gelaatstrekken doen eerder denken aan Fortuné Marion, een geoloog met wie hij in zijn kindertijd bevriend was en die hij eveneens in 1866 schilderde. Daarom krijgt het schilderij de laatste jaren bij voorkeur geen titel met een eigennaam erin.

De achtergrond en de kleding zijn met grove streken neergezet, terwijl Cézanne kleinere penseelstreken gebruikte om de gelaatstrekken aan te geven. Om de indruk te geven dat het gezicht dichtbij is, schilderde hij het gelaat met veel lagen over elkaar. Als resultaat werden, op impressionistische wijze, heel vrije strepen verkregen.

Ook het kleurgebruik hoort bij deze periode: op een altijd neutrale achtergrond bevindt zich een scala aan grijs-, zwart- en wittinten.

Dit schilderij werd in 1866 door de Salon geweigerd, net als werken die Édouard Manet, Pierre-Auguste Renoir, Antoine Guillemet en Philippe Solari hadden ingezonden. Émile Zola schreef hierover: 'De hele realistische school is geweigerd [...]. In werkelijkheid hebben we gezegevierd en deze massale afwijzing, deze immense verbanning is een overwinning. We hoeven alleen maar zelf te gaan exposeren om al die zielige oude idioten dodelijk te overtroeven.'

Louis-Auguste Cézanne
leest 'L'Événement'
1866 –
olie op doek –
200 x 120 cm
National Gallery of Art,
Washington, D.C.

L'Événement was het dagblad waarin Émile Zola het impressionisme verdedigde als de 'nieuwe stijl in de schilderkunst'. In datzelfde jaar, in 1866, had de romancier en criticus, onder het pseudoniem Claude, een serie van zeven artikelen over de Salon gepubliceerd, die later gebundeld werden tot een boek met de titel *Mijn salon*. Hij zou dit aan Cézanne opdragen.

Louis-Auguste verafschuwde het dagblad *L'Événement*. Hij las altijd het conservatievere *Le Siècle*. Het personage is zo neergezet dat we op een afstandelijke manier naar hem kijken, dat uitgelegd is als Cézannes wraakneming op zijn vader die hem altijd zijn gezag oplegde. Ten slotte heeft Louis-Auguste de roeping van zijn zoon geaccepteerd en heeft voor dit schilderij geposeerd. Dit werk is ook geïnterpreteerd als een dankbetuiging van de schilder aan zijn vriend Zola, alsof het om een geestelijke vader gaat, en als een manier om iets terug te doen voor Zola's persoonlijke en professionele steun.

Om de door Zola verdedigde nieuwe schilderwijze te benadrukken, laat Cézanne zijn werk *Suikerpot, peren en blauwe mok* hier terugkomen en geeft het een vorm die iets meer naar het vierkant neigt, zodat het beter op de achtergrond uitkomt. Anderzijds wordt de penseelstreek in toenemende mate fijner, van de vloer en de schoenen van Louis-Auguste die met dikke streken zijn neergezet, tot het schilderij dat gedetailleerder is geschilderd.

Op de voorgrond zit de vader in een cretonne. Het is dezelfde stoel waarin de schilder later zijn vriend Achille Emperaire zal schilderen. De figuur van de vader is klein, bijna verzonken in de leunstoel, die in contrasterende kleuren is geschilderd. Cézanne speelt hiermee om de verschillen in structuur naar voren te halen. Het donkere pak van het personage contrasteert met de rugleuning van de stoel, waarvan de bedrukking nauwelijks is weergegeven, en laat eveneens de krant beter uitkomen. Cézanne zei dat 'contrasten niet voortkomen uit zwart of wit, maar uit de sensatie die kleuren geven'.

De schaking
1867 – olie op doek – 90 x 117 cm
The Provost and Fellows of King's College, Keynes Collection, Cambridge

De schaking is typisch een onderwerp van de Franse romantiek. Sommige schilderijen met dit thema waren te zien in de musea waarvan Cézanne de werken grondig bestudeerde, zoals het Louvre en het Granet in Aix-en-Provence, en ook in de officiële salons. Toch behandelde de jonge schilder in dit schilderij het onderwerp op een manier die in zijn tijd niet erg begrepen werd. Zijn tijdgenoten vonden het landschap op de achtergrond te donker en de figuren buitensporig barok, alsof Cézanne zich erg door schilders had laten beïnvloeden die dit onderwerp eerder hadden behandeld (Eugène Delacroix, Gustave Courbet en Honoré Damuire) en die hij goed kende. Volgens hen had hij het niet weten aan te passen aan de meer realistische normen die op bijvoorbeeld de Académie Suisse heersten, waar Cézanne naartoe ging om naaktmodellen te schilderen.

Een ander kenmerk dat aantoont dat er weinig verbondenheid was tussen Cézanne en zijn tijdgenoten, was dat de laatsten er niet achterkwamen naar welk mythologisch verhaal dit werk verwees. Het kon evengoed gaan om Hades die Persephone schaakte, als om Alkestis die door Hercules geschaakt werd, als om een nimf en een faun.

De gebruikte schildertechniek distantieert zich van de eerste schilderijen van Cézanne. De spatel is verdwenen en de verf is met penseel aangebracht, in kleinere, krullende streken. Deze technische vernieuwing is een gevolg van Cézannes onophoudelijke zoektocht naar de ideale weergave van de menselijke anatomie. Dit was een van zijn voortdurende fascinaties, die in de laatste jaren van zijn leven nog sterker werd.

Het mannelijke lichaam symboliseert kracht en macht, is gespierd en donker getint, en kromt zich onder het gewicht van de bewusteloze witte figuur, symbool van teerheid en onderwerping. De wat vage figuren die links op de achtergrond te bespeuren zijn, zijn mogelijk nimfen.

Op de achtergrond verschijnt een berg die sommige geschiedschrijvers hebben geïdentificeerd als de noordkant van de Mont Sainte-Victoire in de Provence, waar Cézanne met zijn vrienden Baille en Zola als 'onafscheidelijk drietal' naartoe ging.

Baadster op de rots
1867-1869 –
olie op doek –
167,5 x 113 cm
The Chrysler Museum,
Norfolk, Virginia

De weergave van de menselijke anatomie vormt het meest vernieuwende element binnen Cézannes werk, dat voor zijn tijd op zich al vooruitstrevend was. Dit zou leiden tot een rechtstreekse invloed op de schilderkunst van Pablo Picasso en Henri Matisse, en op de beelden van Henry Moore. Het betrof niet alleen een grovere techniek om het menselijke lichaam af te beelden, maar ook om het een nieuwe expressie van kracht en vitaliteit te geven. De figuur is hier met grote penseelstreken neergezet, die tegelijkertijd de grote lijnen weergeven waarin ook de sterke spieren zichtbaar zijn. De schaduwen worden weergegeven door een donkere tint die lijkt aan te sluiten op de groene achtergrond, en ook door een meer roodachtige kleur waarmee groter contrast wordt verkregen en het geheel krachtiger wordt. De relatie tussen mens en natuur zou een constante worden in de schilderijen van baders en baadsters van Cézanne. In dit schilderij wordt de indruk versterkt dat de mens zijn omgeving beheerst, omdat het schilderij aanvankelijk grotere afmetingen had. Er werd echter een groot deel afgesneden en alleen de linkeronderhoek bleef over, waarmee het landschap een groot schilderoppervlak verloor en daarmee ook zijn relatie met de afgebeelde figuur. Oorzaak hiervan is dat *Baadster op de rots* een grote muurschildering was die samen met schilderingen als *De vier jaargetijden* en het eerste *Portret van Louis-Auguste Cézanne* de salon van Jas de Bouffan sierde. In 1907 liet de toenmalige eigenaar, Louis Granel, ze weghalen en op doek overbrengen. Later wilde hij ze aan de Franse staat schenken, maar die weigerde ze. Opvallend genoeg werd het werk van Cézanne begin twintigste eeuw in andere Europese landen en in de Verenigde Staten al zeer gewaardeerd. Het landschap op de achtergrond werd ook nog eens over twee schilderijen verdeeld. Uiteindelijk zijn de drie fragmenten in drie verschillende collecties opgegaan.

Het feestmaal

1867-1872 –
olie op doek –
130 x 81 cm
Privé-collectie

Het feestmaal gold in zijn tijd als exemplarisch voor het romantische werk van Cézanne. De buitensporigheid in sommige van zijn werken, zoals ook in dit werk, is ten opzichte van de eenvoud van zijn stillevens verrassend. Wel zijn bacchanalen een veelvoorkomend onderwerp in de literatuur, de muziek en de schilderkunst van de tweede helft van de negentiende eeuw.

Cézanne betoonde zich altijd een openlijk bewonderaar van het werk van Émile Zola, Gustave Flaubert en Honoré de Balzac. De eerste literaire bron bij Cézanne zelf vinden we in een gedicht dat hij in 1858 schreef, getiteld *De droom van Hannibal.* Hierin maakt hij gebruik van scènes uit *Salammbô* en *De verzoeking van de Heilige Antonius* van Flaubert: 'De held van Carthago verliet een feestmaal/waar rum en cognac/iets te veelvuldig waren rondgegaan/al wankelend en wiebelend.' Er kan ook worden gedacht aan de geschiedenis van *De huid van chagrijn* van Balzac, waarvan de hoofdpersoon een student is die een amulet vindt en wiens eerste wens 'een schitterend koningsmaal, een bacchanaal' is. Er moet niet worden vergeten dat Cézanne tussen de 28 en 33 jaar was toen hij dit schilderde en zich het nodige moest ontzeggen om te kunnen leven van de krappe financiële toelage van zijn vader.

In wezen is het schilderij heel representatief voor zijn romantische periode, waarin opperst geweld en erotiek heel goed werden weergegeven in dit soort werken. Ze moeten worden gezien als een blijk van persoonlijke onzekerheid van de schilder, van zijn eenzelvigheid en de problemen die hij had bij zijn pogingen om zijn seksuele verlangens te bevredigen.

1870-1874

Parijs, gezicht op de Rue Jussieu vanaf Place Jussieu. Op nummer 45 van deze straat werd Paul, de enige zoon van Cézanne, geboren. Vanuit zijn huis schilderde Cézanne een paar vergezichten.

Cézanne rond 1871.

1870

— Een geheel in zichzelf gekeerde Cézanne probeert in Parijs een eigen stijl te vinden.

— Op 19 juli verklaart Frankrijk de oorlog aan Pruisen. In september begint het beleg van Parijs door de Pruisen. Door de oorlog gaan Édouard Manet, Edgar Degas en Pierre-Auguste Renoir in militaire dienst. Cézanne negeert zijn oproep en gaat in september samen met Hortense, Zola, diens vrouw en zijn moeder in L'Estaque wonen.

1871

— Cézanne wordt aangegeven wegens dienstweigering, maar gelukkig wordt op 26 februari door Frankrijk en Pruisen te Versailles een verdrag getekend waarmee de vrede wordt hersteld.

— In de zomer gaat Cézanne naar Parijs terug, na de verklaring van de Commune van Parijs dat de rust in de stad is weergekeerd. Hij gaat in het huis van zijn vriend wonen, de beeldhouwer Philippe Solari.

1872

— Op 4 januari wordt zijn enige zoon Paul geboren. Het kind wordt door de schilder erkend. Het nieuws wordt voor de vader van Cézanne verborgen gehouden uit angst dat deze Cézannes financiële toelage zal intrekken.

— In april wordt hij opnieuw door de Salon geweigerd. Hij ondertekent een verzoek om een Salon des Refusés te organiseren (eveneens ondertekend door veertig anderen, waaronder Édouard Manet, Camille Pissarro en Théodore Fantin-Latour). Het verzoek wordt niet ingewilligd.

1873

— Een groot deel van het jaar brengt hij samen met Hortense en zijn zoon in Auvers-sur-Oise door, een landelijk dorpje op 30 kilometer afstand van Parijs. Van hieruit wandelt hij elke dag naar Pontoise, om samen met Pissarro buiten te gaan schilderen. Ze gaan beiden ook naar de studio van de arts Paul Gachet om het etsen te beoefenen.

— Cézanne heeft het geluk om via Pissarro in Parijs Julien Tanguy te leren kennen, die van de jonge schilders de bijnaam 'le père' Tanguy krijgt, omdat hij als een tweede vader voor hen is, en een soort weldoener. Aangezien het de jonge kunstenaars aan geld ontbreekt, ruilt hij schildermaterialen (verf, penselen, doeken, enzovoort) voor hun schilderijen. Bij hem leren andere schilders en kopers het werk van Cézanne kennen. Cézanne zal hier ook eens Vincent van Gogh treffen.

1874

— Begin dit jaar keert hij naar Parijs terug. Hij woont tijdelijk in de Rue Vaugirard 120, en ziet zich genoodzaakt een schuld bij de kruidenier te betalen met een schilderij. Hij vraagt zijn vader om een verhoging van de toelage tot 200 franc per maand.

— Van 15 april tot 15 mei vindt de eerste door het Kunstenaarscoöperatief georganiseerde tentoonstelling van impressionisten plaats. Paul Cézanne zal ook deelnemen. Édouard Manet wil niet dat zijn schilderijen naast die van Cézanne komen te hangen, want hij vindt Cézannes werk te gedurfd.

Pastorale (Idylle)
1870 – olie op doek – 65 x 81 cm
Musée d'Orsay, Parijs

Het was al jaren geleden dat Cézanne aan het onderwerp van de pastorale had gewerkt. In april 1864 had hij in het Louvre *De herders van Arcadië* van Nicolas Poussin gekopieerd.

De schilder had nog steeds zijn perioden van onzekerheid en in een poging zijn eigen stijl te vinden experimenteerde hij met verschillende onderwerpen. In het voorjaar van 1870 publiceerde Théodore Duret een aantal artikelen in *L'Électeur libre* over de Salon, waarin hij verklaarde Cézanne te willen leren kennen. Daarom verzocht hij Émile Zola om de schilder aan hem voor te stellen. Deze weigerde: 'Hij is heel erg op zichzelf, hij zit in een periode van experimenteren en volgens mij heeft hij gelijk dat hij niemand in zijn atelier wil. Wacht u tot hij zichzelf gevonden heeft.'

Aanvankelijk had dit doek de titel *Maaltijd aan de oever van de zee*. Het was geïnspireerd op Édouard Manets *Middagmaal in het gras*, maar dit schilderij van Cézanne gaat verder dan het realisme van Manet. De personages zijn, vergeleken met ander werk uit die periode, complexer van karakter en hun seksuele eigenschappen zijn aangedikt.

Net als op het schilderij van Manet bevinden ook hier de vrouwelijke figuren zich naakt tussen de geklede mannelijke. Dit is ook het geval in andere werken van Cézanne met een aan de fantasie ontsproten onderwerp, zoals *Een moderne Olympia* uit 1873 en *Het eeuwige vrouwelijke* uit 1877. Nooit zien we mannelijke en vrouwelijke naakten bij elkaar. Hoewel Cézanne in die tijd al samenwoonde met Hortense Fiquet, slaagde hij er niet in zijn angst voor fysiek contact te overwinnen. Volgens hemzelf was die angst begonnen toen hij als kind op school van een klasgenoot een fikse trap tegen zijn achterste kreeg toegediend. Deze fobie verleende zijn schilderijen een zeker gewelddadig karakter, vooral aan het eind van de jaren zeventig. Bovendien markeerde het op een bijzondere manier niet alleen de technische uitvoering, maar ook de kenmerkende lichamelijke verschijning van zijn naakten.

Man met strooien hoed
1870-1871 –
olie op doek –
55 x 39 cm
Metropolitan Museum of Art,
New York

Man met strooien hoed is een portret van een personage dat typerend is voor de streek waar hij vandaan komt. In die tijd schilderde Cézanne nog dit soort portretten. Hoewel de schilder in de loop van tien jaar al lange perioden in Parijs had doorgebracht, wist hij dat hij daar geen inspiratiebronnen zou vinden, zoals de meeste van zijn collega's dat wel deden. Voor de onderwerpen in zijn werk zocht hij daarom zijn toevlucht tot de landschappen en personages van zijn geboortestreek, de Provence.

In die tijd was de Provence een streek met veel karakter. In 1486 was het door de Franse staat geannexeerd, maar de inwoners hielden hardnekkig vast aan hun tradities en gewoontes, zoals hun eigen taal en het stimuleren van de eigen literatuur. De Franse revolutie was ook hier uitgeroepen, en ook in Marseille werd het lied van de revolutie gezongen. De Provence bleef een streek die geworteld was in het verleden, met zijn vaste gewoonten en zijn overwegend agrarische economie.

Cézanne verklaarde herhaaldelijk dat hij moest proberen de landschappen en personages van de Provence zo snel mogelijk vast te leggen omdat die op het punt stonden hun identiteit te verliezen. Ze werden bedreigd door de komst van nieuwe industrieën en een plan van nieuwe verbindingswegen.

In dit portret is het personage voor driekwart afgebeeld, waardoor hij een zekere afstand kan houden tot de beschouwer die de man aankijkt. De strooien hoed, de forse bakkebaarden en de mantel laten zien dat het om een persoon van eenvoudige komaf gaat, misschien een boer. Toch heeft de schilder hem grote waardigheid gegeven.

Vanuit de donkere achtergrond, die typisch is voor die periode, komt licht naar voren waarmee het personage wordt omgeven. Hierdoor is het lichaam, dat eveneens donker is gekleed, goed te onderscheiden. Het licht verleent de blik van het personage bovendien een plechtige uitstraling.

Vaas, fles, kopjes en fruit
1871-1872 – olie op doek – 64 x 80 cm
Nationalgalerie, Berlijn

Het genre van het stilleven werd door Cézanne radicaal veranderd. Hij gaf het een heel eigen stijl mee, die uitging van de visuele waarneming en de wisselwerking tussen objecten.

We zien hier al enkele kenmerken die typerend zijn voor zijn stillevens, zoals de afwezigheid van luxueuze voorwerpen. Sommige elementen die we hier zien, verschijnen ook in zijn andere werken, zoals de vaas van geglazuurd aardewerk die de schilder in een aantal van zijn stillevens afbeeldde. Deze bevond zich altijd op het tweede plan, aan de linkerkant in de compositie. Ook kopjes en witte porseleinen voorwerpen boeiden hem tot het einde van zijn leven, want met hun gepolijste structuur kon hij oefenen, en met hun wittinten verkreeg hij een afwisseling met het clair-obscur voor de achtergrond.

In dit schilderij neemt licht een belangrijke plaats in. Het verschijnt onwerkelijk achter de voorwerpen, waardoor die naar voren worden gehaald en beter tot hun recht komen. Een nieuwe behandeling van licht gaat meestal samen met die van kleur. Door kleur en licht bij elkaar te voegen, kon Cézanne vormen creëren zonder deze te hoeven tekenen.

Een ander kenmerk van de schilder is de aanwezigheid van witte kleden; hij hield hier veel van en hij zou het nooit meer opgeven. We zien in dit schilderij duidelijk de invloed van de Spaanse schilder Francisco de Zurburán. Ook zien we hier een bepalend element uit de stillevens van de schilder, zoals het vrije perspectief van het bord aan de rechterkant, dat naar de beschouwer neigt. Een ander aspect dat Cézanne in zijn hele werk zou ontwikkelen – niet alleen in zijn stillevens – was het wankele evenwicht van de elementen. Hier liggen de vruchten bijvoorbeeld boven op elkaar, zonder dat duidelijk wordt waarop ze steunen.

De wijnhandel, gezien vanaf de Rue de Jussieu
(Parijs: Boulevard Bercy, de wijnmarkt)
1872 – olie op doek – 73 x 92 cm, Privé-collectie

Cézanne deed dit doek cadeau aan Camille Pissarro, die het van een 'opmerkelijk kracht' en 'levendigheid' vond getuigen.

Op de linkeroever van de Seine, aan de Boulevard Bercy, waar zich momenteel de faculteit van Jussieu bevindt, was een grote wijnhandel. Deze bestond uit vijf grote gebouwen met talrijke bodega's. Hier werd over de prijs van alcoholische dranken beslist en het was er voortdurend een drukte van belang.

Toen hij dit schilderij maakte, woonde Cézanne met Hortense in de Rue de Jussieu, in het huis waar op 4 januari van dat jaar de kleine Paul was geboren. Omstreeks die datum schilderde hij dit stadsgezicht, gezien door de ramen van zijn huis.

In tegenstelling tot de drukte die deze wijnmarkt ongetwijfeld kende, beeldde de schilder hem af alsof het verlaten was. Het was een plek in de buitenwijken van Parijs waar een aantal bewoners van het Parijse centrum naartoe waren verhuisd na de invoering van het stadsplan van George-Eugène Haussmann.

Napoleon III had van Parijs een grote, lichte stad willen maken. Een 'lichtstad' op het niveau van de grandeur van de Bonapartes. Een stad volgens de maatstaf van de nieuwe Franse bourgeoisie, waarover snel en gemakkelijk militaire controle kon worden verkregen in geval van eventuele volksopstanden. Daarom liet Haussmann, prefect van 1853 tot 1869, de oude middeleeuwse wijken van de stad slopen en grote boulevards en pleinen aanleggen. Hierdoor kwamen de inwoners dicht opeen te wonen in de nieuwe buitenwijken.

Cézanne liet zich niet door de nieuwe, elegante Parijse stadsgezichten beïnvloeden. Ze werden wel door de impressionistische schilders afgebeeld, in grote drukbevolkte open ruimten, door licht overgoten. Cézanne koos voor meer morsige taferelen die hij in de buurt om zich heen zag en die meer bij hem pasten. Daarom koos hij ook de wijk waar hij woonde.

Het naakt

Cézanne had aanvaard – en hij verklaarde dat ook openlijk – dat zijn verlegenheid hem belette om poserende naaktten te tekenen. Bovendien was het een bezigheid die in een kleine plaats als Aix geen goede indruk zou maken. Toch moesten Cézannes innerlijke conflicten op de een of andere manier tot uiting komen. Toen hij erin was geslaagd zijn temperament te kanaliseren via het schilderen van personages, landschappen en stillevens, kweet hij zich aan de taak om het naakt te vernieuwen.

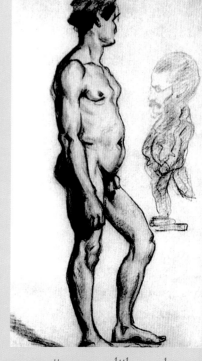

Tijdens zijn leerjaren aan de École de Dessin in Aix-en-Provence maakte Cézanne vele studies van het menselijk lichaam. De tekeningen van Cézanne uit 1862 zijn bijna gelijk aan de naaktstudies die bewaard zijn gebleven van zijn klasgenoten Numa Coste, Justin Gabet, Jules Gibert, Joseph Huot en Philippe Solari.

Cézanne ontwikkelde deze thematiek pas verder aan de Académie Suisse in Parijs, vanaf zijn eerste verblijf in de Franse hoofdstad in 1861. Voor tien franc per maand konden de studenten het naakttekenen beoefenen, zonder leermeesters die hun toekomstige ontwikkeling als kunstenaars zouden aangeven. Drie weken lang poseerden er mannelijke modellen en de laatste week van de maand een vrouwelijk model. Op de academie waren ook al gevestigde schilders als Eugène Delacroix en Gustave Courbet afgekomen, en anderen die naam begonnen te krijgen in officiële kring, zoals Édouard Manet. Op de Académie leerde Cézanne de schilders Claude Monet, Camille Pissarro en Pierre-Auguste Renoir kennen.

Aangezien hij geen leermeester had die hem een techniek bijbracht, begon Cézanne in 1865 een veel persoonlijker stijl te ontwikkelen, met meer gespierde, gedrongen lichamen. De figuren zijn in tegenstelling tot de academische normen minder lang en hebben meer volume. Ze worden ook steeds meer verwrongen.

Cézanne vergrootte het contrast tussen zwart en wit sterk door een dikker potlood te gebruiken. Zo haalde hij de omtrek van de figuur meer naar voren, net als de lichte en donkere vlakken van de huid en de spieren. Naarmate hij meer vertrouwen in zijn eigen stijl kreeg, zou Cézanne naaktten maken die steeds krachtiger overkomen. Toch is het vanaf het begin duidelijk dat Cézanne moeite heeft met het tekenen van naaktmodellen. Misschien bewonderde hij daarom de schilderijen van een eveneens uit Aix afkomstige oudere schilder, Achille Emperaire, die hij had leren kennen tijdens de lessen van meester Joseph Gibert. Cézanne was zo gefascineerd door zijn werk dat hij Emperaire model liet staan voor een van zijn portretten (*Achille Emperaire* uit 1869).

Het naakt verschijnt in 1867 al in de figuur van de bader, wanneer Cézanne de hoofdsalon van Jas de Bouffan met muurschilderingen decoreert. Het gaat om klassieke onderwerpen zoals *De vier jaargetijden*, het portret van zijn vader Louis-Auguste Cézanne en twee pastorale landschappen. Maar in 1868 na zijn terugkeer

Paul Cézanne, mannelijk naakt, houtskool, 50 x 30 cm. Privé-collectie. Op de Académie Suisse ontwikkelde Cézanne een eigen stijl door meer gespierde, bijna misvormde naaktten te tekenen.

De glorieuze vormen van zijn vrouwelijke naaktten trokken Cézanne buitengewoon aan. Maar hij was ten prooi aan een grote verlegenheid en beoefende het naakt liever in de eenzaamheid van zijn woonkamer annex atelier. Hij baseerde zich op aantekeningen en op illustraties in tijdschriften als L'Artiste.

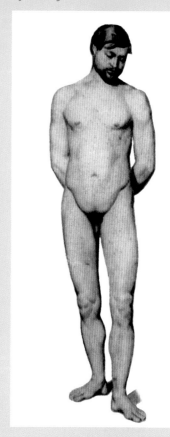

Paul Cézanne, mannelijk naakt, 1862, loodstift op papier, 60 x 39 cm. Musée Granet, Aix-en-Provence. De kunstenaar maakte deze tekening op de École de Dessin van Aix en gaf blijk van zijn beheersing van de academische tekening en een subtiele toets. Het lijkt op de naaktten van zijn klasgenoten Numa Coste en Philippe Solari, afgezien van het kleine geslacht, dat contrasteert met de mannelijke verschijning van het model.

Cézanne nam van voorstellingen uit de oudheid vooral de houding en rangschikking van afgebeelde vrouwen over. Deze doen denken aan friezen.

uit Parijs brengt hij een zeer gespierd mannelijk naakt in, in de stijl van Eugène Delacroix. Het is het eerste belangrijke werk van Cézanne waarin hij het onderwerp van de baders en baadsters in een landschap invoegt.

Hij kon zijn probleem met de ontwikkeling van zijn schilderkunst, de onenigheid met zijn vader en zijn onvermogen om zich aan het Parijse kunstenaarsmilieu aan te passen uiten in werk dat gewelddadig en aan de fantasie ontsproten was. Voorbeelden daarvan zijn *Het feestmaal* uit 1867, *De moord* uit 1868 en *De verzoeking van de heilige Antonius* uit 1874. *De schaking* uit 1867 deed hij aan de schrijver Zola cadeau. Die moest het vanwege de gewaagde thematiek op de vliering van zijn huis verbergen, samen met andere, onschuldiger schilderijen als *De zwarte klok* die eveneens lage driften wakker konden maken. Het lijkt alsof Cézannes innerlijke conflicten tussen het geestelijke en het vleselijke, zijn seksuele obsessies en de onderdrukking daarvan, tijdens het schilderen vrij naar buiten konden komen.

Hoewel hij in 1869 een relatie was begonnen met Hortense Fiquet, werd hij hierdoor niet bevrijd van zijn seksuele problemen. De schilder verklaarde dat zijn angst voor lichamelijk contact veroorzaakt werd door een jeugdtrauma, toen hij eens op een trap een flinke schop tegen zijn achterste kreeg van een andere jongen. In plaats van dat de fobie afnam, werd deze aan het eind van zijn leven steeds groter. Madame Brémond, sinds 1899 de huishoudster van de schilder, verklaarde tegenover Émile Bernard, vriend en biograaf van Cézanne: 'Hij heeft gezegd dat mijn rok nog niet eens tegen hem aan mag komen als we elkaar passeren.'

Naarmate Cézanne ouder werd, meed hij steeds vaker vrouwelijk gezelschap. De vrouwen die hem het naast stonden, waren zijn moeder en zuster Marie. Dit leidde tot een technisch probleem. Hoewel de werken van Cézanne gebaseerd waren op nauwkeurige waarneming van de werkelijkheid, ging dat niet op voor naakt.

Alle schilders die hij bewonderde (Michelangelo, Nicolas Poussin, Peter Paul Rubens, enzovoort) hadden bijgedragen aan de ontwikkeling van naakten in het landschap. Het probleem was dat deze traditie haar kracht had verloren op de oliedoeken die door de Salon over dit onderwerp geaccepteerd werden. In 1856 had keizer Napoleon III een naakt van Gustave Courbet met een zweep bewerkt. Hij verklaarde dat hij liever had gehad dat het linnen fijner was geweest. Courbet had schadevergoeding van de keizer kunnen eisen. In ieder geval had Courbet het naakt vernieuwd. Het betrof niet langer verraste nimfen in het bos, maar menselijke figuren die volmaakt in hun natuurlijke omgeving opgingen.

Édouard Manet bewandelde een andere weg. Hij had met zijn *Olympia* en *Ontbijt op het gras* het onderwerp proberen te vernieuwen, maar werd evenmin begrepen.

Daarnaast wilde Cézanne zich distantiëren van de badgasten uit de wijk Grenouillère met hun traditionele kleding en uiterlijk. Hij formuleerde het als 'Poussin vernieuwen door de natuur te volgen'.

Het onderwerp van baders en baadsters stond al sinds de zestiende eeuw in de belangstelling. De werken van gevestigde schilders met deze thematiek werden geaccepteerd. Maar de samenleving had de naakten uit de negentiende eeuw nog niet in zich opgenomen: die van Gustave Courbet, Honoré Daumier, Eugène Delacroix en Édouard Manet. In het Louvre bestudeerde Cézanne de naakten van Giorgione, Poussin, Rubens, Titiaan, Tintoretto en Veronese. Met zijn nieuwe invalshoek opende Cézanne een symbolistische weg naar het onderwerp, wat tot het begin van acceptatie leidde.

Met *Baadsters* uit 1874 distantieerde Cézanne zich van de vroegere erotiek en beeldde hij krachtige, maar serene figuren af, erfgenamen van de klassieke traditie. Hij herinnerde zich weer de excursies die hij samen met Baille en Zola had gemaakt, net als de zwempartijen in de meertjes nabij Bibémus. Deze waren als een verloren paradijs, als de schoot van moeder Natuur.

De vrouwelijke figuren symboliseren vrouwelijkheid en een oorspronkelijk, scheppend vermogen. Het zijn vrouwen met grote lichamen, die geïnspireerd lijken op afbeeldingen van Demeter, de Griekse godin van het graan en de eeuwige cyclus van de natuur.

In zijn schilderijen krijgen de vrouwen steeds meer beweging en wordt het wateroppervlak steeds kleiner, totdat dat helemaal verdwijnt.

Misschien zorgde een kritiek als die van Georges Rivière in *L'Impressioniste* over de expositie van impressionisten in 1877 voor een hernieuwde waardering van het

Paul Cézanne, studie van zittend vrouwelijk naakt, potlood, 21 x 15 cm. Museum Boymans van Beuningen, Rotterdam. Nadat hij de Académie Suisse had verlaten, maakte de schilder nog maar zelden een naakt naar een model.

Paul Cézanne, meisje met losse haren, 1873, olie op doek. Privé-collectie. Dit is een van de zeldzame olieverfstudies ten behoeve van latere baadstercomposities. Misschien was Hortense hier model.

werk van Cézanne en vooral voor een nieuwe interpretatie van zijn werken met baadsters: 'Cézanne kan vanwege zijn werk worden vergeleken met een Griek uit de hoogtijdagen van de Grieken. Zijn schilderijen stralen dezelfde serene, heroïsche blijheid uit als de schilderijen en het terracottawerk uit de Oudheid. Onwetenden die met zijn baders spotten, zijn voor mij gelijk aan barbaren die het Parthenon bekritiseren.'

In een aan de schilder gewijde monografie uit 1929 bezag Roger Fry het werk van Cézanne helemaal opnieuw en hij was zich bewust van het belang en de vernieuwing van het naaktthema. Fry sprak niet meer van het classicisme, maar bezag het vanuit een modernistisch gezichtspunt. Hij besefte dat de andere waarneming van de werkelijkheid bij de naakten van Cézanne veroorzaakt werd door een andere behandeling van de vast te leggen modellen: 'Jarenlang ontnam de angst voor modellen Cézanne elk vermogen om die realistisch te observeren, tot het punt dat de toch al niet zo grote kans dat hij er een geloofwaardig beeld van wist te maken, eigenlijk niet meer aanwezig was.'

Deze mening werd gedeeld in enkele kritieken van andere bewonderaars van Cézannes realisme. De schrijver D.H. Lawrence publiceerde in 1929 een boek met eigen schilderwerk en aquarellen en in de inleiding gaf hij een analyse van eerdere kunst, waarin hij blijk gaf van een idee dat nog steeds heerste over de naakten van Cézanne: 'Als hij een vrouw wilde schilderen, kreeg hij het meteen benauwd en dat belette hem een vrouw van vlees en bloed te schilderen, de eerste Eva die er was voordat die idiote vijgenbladeren kwamen.' De andere behandeling van het naakt in vergelijking met zijn andere werk werd niet begrepen. In feite beschouwt een groot deel van de critici nog steeds dat deze thematiek van minder belang is binnen het werk van de kunstenaar.

Het is duidelijk dat het realisme van Cézanne zich er tegen verzette om het naakt te behandelen, zoals een paar aantekeningen die hij in het begin van de jaren 1860 en zijn studies van de beelden in het Louvre had gemaakt. Toch was dit het onderwerp dat hem in zijn laatste jaren het meeste bezighield, waaraan hij zich het meest wijdde. Wat dreef hem daartoe? Cézanne liet herhaaldelijk weten dat de adolescentie zijn 'gouden tijd' was geweest, de gelukkigste periode in zijn bestaan. De excursies samen met Zola en Baille en de zwempartijen in de meertjes nabij Aix maakten deel uit van zijn herinneringen. Als hij die weer voor de geest haalde, wilde Cézanne het verloren paradijs terughalen, waar de mens in harmonie met de natuur leeft. Daarom worden de figuren nooit duidelijk uitgewerkt, het gaat om de menselijke soort in zijn geheel. Soms is het zelfs moeilijk te zeggen wat het geslacht is van de afgebeelde personages.

Ten tweede was Cézanne aan het begin van de jaren 1870 begonnen met een objectievere schildering van zijn landschappen en stillevens, terwijl hij zijn fantasiewerk nog bijna tien jaar langer voortzette. Schilderijen als *Een moderne Olympia* uit 1873, *De verzoeking van de heilige Antonius* uit 1875 en *Het eeuwige vrouwelijke* uit 1877 konden ook worden beschouwd als maatschappijkritiek, maar er was latent een ongeremde, excessieve schilder in aanwezig met een donker palet en sterke contrasten, die hij niet meer in zijn andere thematiek gebruikte. Op deze schilderijen verschijnen mannen en vrouwen, waarbij de mannen meestal gekleed zijn, terwijl de ongeklede vrouwen zich wellustig aanbieden.

Vanaf 1880 ging Cézanne zeer gedreven door met het onderwerp van de baders en baadsters, maar hij scheidde nu de vrouwelijke van de mannelijke figuren. Zo vermeed hij onrustige, gewelddadige confrontaties. Sommige critici hebben er een eerste acceptatie van een latente homoseksualiteit in gezien.

Cézanne voor De grote baadsters. *Foto van Émile Bernard, 1904. Toen Bernard een bezoek bracht aan Cézanne en verzocht een foto van de schilder te mogen maken, ging Cézanne voor het schilderij zitten waaraan hij het intensiefst werkte.*

Een moderne Olympia
1873 – olie op doek – 46 x 55 cm
Musée d'Orsay, Parijs

Cézanne had het onderwerp van de Olympia tussen 1860 en 1870 al in verschillende schetsen behandeld, maar dit werk lijkt het resultaat te zijn van een weddenschap tussen de schilder en dr. Paul Gachet. Beiden zouden met Édouard Manet over diens *Olympia* hebben gesproken. De arts was van mening dat het een geniaal werk was, maar Cézanne vond het onzinnig dit onderwerp te willen vernieuwen. Uiteindelijk werd *Een moderne Olympia* in één keer geschilderd. Gachet, verbijsterd door deze 'geweldige schets' kreeg het doek in ruil voor materiaal om de definitieve versie te schilderen. Die werd echter nooit gemaakt.

Dit werk vormt samen met *Ontbijt in het gras* uit 1870 een sarcastische dialoog met Manet. De schilders bewonderden elkaar over en weer, maar verschilden tegelijkertijd van mening over verschillende aspecten. De vernieuwing van het thema komt hier voort uit een veel door de naturalisten behandeld motief dat Émile Zola later ook in zijn roman *Nana* gebruikt: de handel in menselijk gezelschap.

Cézanne neemt van Manets *Olympia* de attributen van de draperieën en het boeket bloemen naast het bed over, evenals het zwarte dienstmeisje en de kat. Ook hangen Olympia's lange haren los. Toch is de techniek van beide werken totaal verschillend. Cézannes werk toont een veel vollere en tegelijkertijd veel lossere penseelstreek.

Toen het in 1874 op de eerste tentoonstelling van impressionisten te zien was, moest *Een moderne Olympia* wel worden vergeleken met de vroegere Olympia van Manet. Die was slechts acht jaar eerder geschilderd, maar was veel gereserveerder en formeler. Het stond overdreven ver van de werkelijkheid af. In feite was Cézanne zich er al van bewust dat hij het realisme naderde en daarom had hij aan de titel het woord *modern* toegevoegd.

Het huis van de gehangene, Auvers-sur-Oise
1873 – olie op doek – 55 x 66 cm
Musée d'Orsay, Parijs

Dit werk, dat van de schilder aanvankelijk de titel *Een hut bij Auvers-sur-Oise meekreeg*, ging korte tijd later *Het huis van de gehangene* heten. Het huis heette helemaal niet zo, en er had zich ook nog nooit iemand opgehangen. Wel noopte de afgelegen, in een bocht gelegen plek tot de gedachte aan een bijzonder oord dat in de verbeelding een geschikt tafereel voor een tragische gebeurtenis was.

Feit is dat dit doek, de titel daargelaten, een van de populairste schilderijen van Cézanne is geworden. Het was ook een van de werken die tijdens het leven van de schilder op zijn verzoek het meest tentoongesteld werd. Het had meteen vanaf het begin al succes. Cézanne schilderde het in een paar maanden tijd en stuurde het naar de eerste expositie van impressionisten in 1874, waar het een van de weinige schilderijen was waar de bezoekers niet om lachten en die verkocht werden. Graaf Doria kreeg het voor 300 franc in zijn bezit, een behoorlijk bedrag voor die tijd.

Het werk is opgebouwd uit drie vlakken. De voorgrond bestaat uit het pad dat de blik van de beschouwer de bocht laat volgen en voor het huis langs laat gaan. Die plek vormt het midden. De achtergrond, het gezicht op Auvers, is in de verte strategisch omkaderd met een veel onbewolktere en lichtere hemel. Deze drie vlakken staan met elkaar in verbinding dankzij een homogene verdeling van het licht.

De kleuren zijn hier licht. Het oker voor de grond en de huizen en het groen voor het gras en de daken lopen in elkaar over zodat het geheel meer een eenheid wordt. De blauwe hemel strekt zich in vage wolken over het landschap uit die boven in het schilderij donkerder worden. De kleur is allesoverheersend, vult de tekening aan, schept de vormen en leidt de blik van de beschouwer langzaam naar de essentiële plaatsen van het werk. Dit is een kenmerk van de impressionistische schilderkunst die Cézanne hier op nieuwe wijze uitwerkt.

Een ander verschil met de impressionisten is dat zij landschappen met diepte schilderden die voortkwam uit een bepaalde indeling, terwijl hier het huis aan de linkerkant de blik van de beschouwer vast lijkt te houden.

Baadsters
1874-1875 – olie op doek – 38,1 x 46 cm
The Metropolitan Museum of Art, New York

De zomer van 1874 bracht Cézanne in Aix-en-Provence door. Hij was in die streek al een gewaardeerd schilder en was vier jaar eerder zelfs tot commissievoorzitter van l'École de Dessin in Aix benoemd, een functie waarvoor hij niet de minste belangstelling had.

Maar toen in het voorjaar van dat jaar de eerste tentoonstelling van impressionisten georganiseerd werd, die maandenlang voor grote beroering in de Franse pers zorgde, verzocht de directeur van het museum in Aix de schilderijen van Cézanne te mogen zien. 'Ik geloof dat ik me een goed beeld kan vormen van de gevaren die de schilderkunst loopt, door te zien welke aanslagen erop gepleegd worden.' En al hadden ze dan niet dezelfde smaak, Cézanne werd hierdoor toch aangespoord om met schilderen door te gaan.

In dit doek zijn al een paar trekjes te vinden die zijn schilderwerk met het onderwerp van figuren in de openlucht zullen kenmerken. In de eerste plaats is er de relatie van de naakte figuur met de natuur. De personages proberen geforceerde houdingen uit. Hier zien we een vrouw die de elleboog boven het hoofd houdt, een ander die half gehurkt zit, en een die zich uitstrekt. De natuur daarentegen is overvloedig en het gebladerte vol. De schilder behandelde de baadsters en andere elementen in het landschap, zoals de bomen en struiken, op eenzelfde manier. Zo biedt elk element een structuur binnen de compositie en door de figuren niet te individualiseren worden deze als een geheel beschouwd.

In de tweede plaats heeft kleur hier al een glans en kracht gekregen die kenmerkend is voor de schilder. De bomen zijn van een heel persoonlijke, gelig groene kleur. Ook is de structuur van de elementen hier door middel van kleur weergegeven. Het spel van licht en schaduw daarentegen is nog steeds impressionistisch beïnvloed.

Tot slot kwam het onderwerp van badende mensen dat de schilder tot het einde van zijn loopbaan heel vaak zou uitwerken, altijd volledig uit zijn verbeelding voort. Toch zorgde zijn grote kennis van de menselijke anatomie ervoor dat hij deze figuren kon scheppen en modelleren in zijn stijl.

Aan de oever van de Seine, in Bercy
1874-1877 – olie op doek – 60 x 73 cm
Kunsthalle, Hamburg

Anders dan zijn tijdgenoten die altijd drukke straten in Parijs schilderden, hield Cézanne meer van een beeld in de open-lucht zonder personages. Dit werk vormt dus een uitzondering op die regel. Op de voorgrond zijn een paar figuren naast een kar te zien, en uit de achtergrond van het schilderij lijken een paar figuren naar voren te komen. Cézanne had destijds contact met de groep van Batignolles die een jaar later de bijnaam 'impressionisten' zou krijgen. Waarschijnlijk ontstond deze thematiek onder hun invloed.

Een ander element dat aan de invloed van het impressionisme op Cézannes schilderwerk doet denken, is het vele licht dat in dit werk te zien is. Toch zou de schilder de donkere tinten in zijn gezichten op Parijs blijven gebruiken. Andere impressionisten, zoals Camille Pissarro, waren daarmee opgehouden. Pissarro gebruikte geen zwart, oker en geelbruin meer, maar verkreeg deze kleuren door de primaire kleuren rood, geel en blauw te mengen. Bovendien bracht hij schaduwen in blauw aan.

De penseelstreken van Cézanne zijn, eveneens onder invloed van de nieuwe stroming, niet meer zo dik en lang, maar passen zich aan de verschillende oppervlakken aan en worden in het water korter zodat dit helderder wordt en in de wolken langer zodat deze meer volume krijgen.

Het landschap blijft het krachtigste element, met een hemel die tweederde van het gehele oppervlak beslaat, en met grote, dynamische, enigszins vreemde wolken. Toch is de thematiek realistisch; de mannen zijn op de oever aan het werk, terwijl op een tweede plan de kraan op het schip ook zijn werk doet. Cézanne toont zich hier dichter bij de werklui dan de impressionistische schilderijen, die een veel meer getemperd beeld van havens vastlegden en deze een vriendelijker aanzien gaven.

1875-1879

1875

— Door de hopeloze financiële situatie van de kunstenaars die aan de eerste expositie van impressionisten hadden deelgenomen, kan er dit jaar niet nog een worden georganiseerd. Daarom vindt er een veiling van schilderijen plaats in hotel Drouot in Parijs. Cézanne doet daaraan niet mee, waarschijnlijk vanwege zijn eigen financiële problemen. De veiling wordt een financiële mislukking, maar brengt de kunstenaars wel in contact met Victor Chocquet, een groot bewonderaar van Eugène Delacroix, en een van de grootste verzamelaars uit de negentiende eeuw, die zich alleen door zijn eigen smaak liet leiden. Tijdens de tweede impressionistische tentoonstelling werpt hij zich op als geldschieter voor schilderijen van Pierre-Auguste Renoir, Camille Pissarro en Claude Monet.

— Renoir beveelt Cézannes schilderkunst aan bij Chocquet, die een van zijn trouwste verzamelaars wordt. Dat jaar beginnen Chocquets aankopen van Cézannes werk met *Drie vrouwen*, dat hij op de kop tikt in de winkel van père Tanguy. Bij zijn dood in 1899 heeft Chocquet drieëndertig schilderijen van Cézanne in zijn bezit.

1876

— Claude Monet wil Chocquet leren kennen en aangezien dat een vriend van Cézanne is, nodigt hij beiden uit om een paar dagen in zijn huis in Argenteuil door te brengen. Ze nemen beiden deze uitnodiging aan.

— Cézanne besluit niet mee te doen aan de tweede impressionistische tentoonstelling die in april gehouden wordt, mogelijk om financiële redenen.

— Hij zendt opnieuw schilderijen naar de Salon. Ze worden geweigerd.

Pontoise, 1877. Cézanne zit hier links op de bank in de tuin van Pissarro, die rechts staat. Tussen Cézanne en Pissarro in zit Lucien, de zoon van Pissarro, op de bank. Hij was graag aanwezig wanneer Cézanne bij hun gezin verbleef en wanneer Pissarro en Cézanne samen schilderden.

1877

— Hij knoopt betrekkingen aan met in Parijs gevestigde kunstenaars. Hij ontmoet ze in café Nouvelle-Athènes of op de avondjes in het huis van Nina de Villard, in de Rue des Moines. Daar gaan ook de vele andere kunstenaars als de musicus Cabaner, de schilder Édouard Manet en de schrijvers Stéphane Mallarmé, Paul Alexis, Verlaine en Edmond de Goncourt naartoe.

— Begin april organiseren de impressionisten hun derde expositie, deze keer in de Rue Le Peletier. Monet exposeert er met dertig werken, Cézanne met zeventien, in een van de voor hem gereserveerde mooiste zalen. Het gaat om een aantal stillevens en landschappen in olieverf, en drie aquarellen. Opnieuw is hij het mikpunt van hevige kritiek. Alleen Georges Rivières, een vriend van Renoir, publiceert positieve kritieken over Cézanne.

— Aangeslagen door de mislukking van de derde expositie van impressionisten trekt Cézanne zich terug in Pontoise, samen met Camille Pissarro, met wie hij intensief samenwerkt. In de periode van zijn ziekbed en herstel van een bronchitis denkt hij na over de weg die hij in zijn schilderwerk moet volgen.

— Cézanne ontdekt dat er steeds meer verschillen ontstaan in de manier waarop hij en de impressionisten schilderijen maken en begrijpen.

1878

— Hij gaat terug naar de Provence en blijft daar het hele jaar. Hij woont afwisselend in Aix en L'Estaque, terwijl Hortense en zoon Paul afwisselend in Parijs en Marseille wonen. Zijn vader, Louis-Auguste, is erachter gekomen dat Cézanne een gezin heeft en dreigt de financiële toelage stop te zetten. Uiteindelijk verlaagt hij die aanzienlijk. Émile Zola (die een maatschappelijk en

Paul Cézanne rond 1875.

L'Estaque op een ansichtkaart van toen, met uitzicht over Saint-Henri en de baai. Cézanne schilderde een grootse baai, minder industrieel dan hij op dat moment al was.

commercieel succesvol schrijver is geworden) en andere vrienden helpen hem om zijn financiële problemen het hoofd te bieden.

■ In het zuiden gaat hij vaak met Monticelli, die hij in Parijs had leren kennen, buiten schilderen.

■ In het voorjaar worden de werken die hij naar de Salon had gestuurd, opnieuw geweigerd.

■ In juli huurt hij een huis in L'Estaque, waar hij tot september blijft. Daarna gaat hij naar Marseille, waar Hortense en zijn zoon Paul wonen.

■ In september krijgt hij opnieuw last van een hevige bronchitisaanval.

1879

■ In februari gaat hij weer naar Parijs om een nieuwe zending voor de Salon voor te bereiden.

■ Hij slaat opnieuw de uitnodiging voor deelname aan de vierde expositie van impressionisten af, in de hoop dat de kans groter is dat zijn werk door de Salon wordt aanvaard.

■ Nog eens worden alle ingezonden werken door de Salon geweigerd.

■ In de zomer bezoekt hij Zola in Médan, wiens luxueuze levensstijl Cézanne verrast. De twee vrienden raken van elkaar vervreemd. De schrijver denkt dat Cézanne een mislukt kunstenaar is en de schilder meent dat Zola een 'burgerlijke streber' is. In Médan ontmoet hij andere hedendaagse intellectuelen zoals Numa Coste en Paul Alexis. Hij leert daar ook de schrijver Joris-Karl Huysmans kennen, een van de meest gewaardeerde critici van dat moment. Die had tot dan het werk van Cézanne niet in zijn kritieken besproken. Maar nu ontstaat er een toenadering die Huysmans tot een van zijn grootste voorvechters maakt. Merkwaardig genoeg schrijft hij altijd in de verleden tijd over de schilder (Cézanne is dan nauwelijks 40 jaar oud), alsof hij hem al tot het historisch erfgoed rekent.

In de winter schildert Cézanne een aantal sneeuwlandschappen en keert daarna terug naar Parijs.

Camille Pissarro, portret van Cézanne. 1876, olie op doek. Privé-collectie. Pissarro was een van de felste verdedigers van Cézanne. Tussen 1872 en 1874 en in 1877 schilderden ze in Pontoise samen buiten. Cézanne over zijn metgezel: 'Pissarro was als een vader voor mij. Het is een man die je om raad kunt vragen, een echte goeie man.'

Drie baadsters
~ 1875 – olie op doek – 30,5 x 33 cm
Privé-collectie

Aan het begin van de jaren 1870 kreeg Cézanne vrede met zichzelf en daarmee ook met zijn schilderwerk. Op het persoonlijke vlak leerde hij een vrouw kennen met wie hij zijn leven ging delen en met wie hij een kind kreeg. Wat betreft zijn loopbaan als schilder werkte hij al een paar jaar samen met Camille Pissarro, door wie hij meer zelfvertrouwen had gekregen en die hem bovendien een paar technieken had geleerd, die Cézanne graag overnam. Hierdoor worden in het werk van Cézanne wat luchtiger onderwerpen zichtbaar, zoals hier de drie baadsters die elkaar nat spatten, en een vierde die op de achtergrond in de compositie zichtbaar is.

Het is geen typisch impressionistisch onderwerp, maar de schilder voelde zich zeker genoeg van zichzelf om het repertoire van traditionele onderwerpen op te pakken en te beginnen met de thematiek van baders en baadsters, die hij gedurende zijn hele loopbaan, tot in zijn laatste jaren, steeds weer zou beoefenen.

In deze schilderingen is een nieuwe manier van het aanbrengen van de penseelstreken te zien. Hij schilderde niet meer met een spatel, maar gebruikte lichtere penseelstreken. Hij verkreeg vorm en volume door gebruik te maken van kleur, hoewel de lichamen van de vrouwen voor een deel nog omlijnd zijn om ze meer tot een eenheid te maken.

Ondanks, of misschien juist door de vernieuwingen in deze schilderijen, en door hun ogenschijnlijke eenvoud, werden ze in hun tijd maar heel weinig begrepen.

Zelfportret
~ 1875 – olie op doek – 64 x 53 cm
Musée d'Orsay, Parijs

In de jaren 1870 maakte Cézanne veel zelfportretten. Het klopt dat er in eerdere schilderijen als *Pastorale* en *Een moderne Olympia* al hele menselijke lichamen in het tafereel waren opgenomen, maar op de zelfportretten werd alleen het gezicht afgebeeld, meestal van driekwart gezien, dat hooguit nog aangevuld werd met de borst.

Cézanne schildert zichzelf hier, vergeleken met andere schilders uit zijn tijd zoals de elegante Edgar Degas en Édouard Manet, als een heel gewoon, weinig aantrekkelijk iemand. Hij ziet er wat sjofel uit, en zo was hij ook gekleed als hij naar de cafés in Parijs ging. Dit kan een reactie zijn geweest op andere, elegantere en bijna dandy-achtige impressionistische schilders, maar mogelijk kwam het ook door een steeds onzekerder wordende financiële situatie waarin hij met een povere maandelijkse toelage van zijn vader een gezin moest onderhouden.

De invloed die hij onderging van het contact met impressionistische schilders is te zien in de blauwige toetsen voor de schaduwpartijen en in het licht dat frontaal van de linkerkant komt om het gezicht en het voorhoofd op te laten lichten.

Het voorhoofd en de schedel krijgen in de zelfportretten van Cézanne altijd veel ruimte. Het zijn gewoonlijk de elementen die het meest naar voren gehaald zijn en dat kan worden gezien als een manier om zijn complexe karakter over te brengen.

De kleuren zijn neutraal, met een donkerder bruin voor het pak en oker voor het landschap. Om het gezicht te benadrukken gebruikte Cézanne ook lichtere kleuren, die van het landschap gescheiden worden door zijn krullende haar. Het perspectief is verkregen dankzij het gebruik van grijs in het bovenste gedeelte rechts. Daar lijkt een rivier of zee de blik van de beschouwer bijna tot buiten het schilderij te leiden.

Middag in Napels
1875-1877 – olie op doek – 37 x 45 cm
National Gallery of Australia, Canberra

Middag in Napels is een van de weinige schilderijen waarbij Cézanne gebruikmaakte van poserende naaktmodellen. We zien hier de echtgenoot van de eigenares van een kleine boerderij waar de schilder runderbouillon kwam drinken. De echtgenoot maakte 's avonds putten schoon en rustte overdag uit. Toen Cézanne vroeg of hij als model wilde poseren, stelde de man als voorwaarde dat hij in bed werd geportretteerd. Hij is afgebeeld terwijl zijn vrouw hem een kom wijn aanreikt.

Het werk heeft alle attributen in zich die bij een dergelijk thema horen: de zwarte bediende die een liefdesdrank opdient, het opgehaalde gordijn, de decoratieve voorwerpen en de spiegel. Desondanks heeft de uitgewerkte thematiek een grote openheid als resultaat. Er kan niet met zekerheid worden gezegd of het om een heteroseksueel stel gaat of om de lesbische figuren van *De slaap* van Gustave Courbet.

Er is ook invloed van de schilderkunst van Eugène Delacroix te zien, die erg door Cézanne werd bewonderd en wiens fresco's in het plafond van de Salon d'Apollo in het Louvre rond die tijd door Cézanne gekopieerd werden. Hij nam hiervan de gordijnen over om de compositie in te kaderen, evenals de zwarte slaaf aan de linkerkant.

Een werk als dit, met een sterk erotische lading, betekende in die tijd een provocatie aan het adres van de kritiek en de puriteinse moraal en ook aan het adres van de jury van de Salon, die een dergelijk schilderij nooit zou accepteren. Cézanne had op dat moment behoefte aan meer maatschappelijke en financiële erkenning, maar bleef desondanks zijn eigen weg volgen en koos voor een provocerende thematiek.

Er is evenmin gepoogd de techniek het onderwerp te laten verdoezelen: het lichaam van de vrouw is wat vager, maar de rest van het schilderij is opgebouwd uit met het penseel in één richting aangebrachte kleurvlakken.

De verzoeking van de heilige Antonius
1875-1877 – olie op doek – 47 x 56 cm
Musée d'Orsay, Parijs

De verzoeking van de heilige Antonius, de Egyptische kluizenaar, was vooral voor kunstenaars uit de tweede helft van de negentiende eeuw een geliefd thema. Cézanne werkte vanaf 1870 aan dit onderwerp. Hij pakte het herhaalde malen opnieuw op. Dit werk is in 1875 gemaakt, een jaar nadat Gustave Flauberts *De verzoeking van de heilige Antonius* was gepubliceerd. Ongetwijfeld had Cézanne het boek gelezen voordat hij dit schilderij voltooide. Hij had zich altijd een vurig bewonderaar van de schrijver betoond. In de laatste jaren van zijn leven deed hij zelfs het voorstel om een geïllustreerde uitgave van het boek te verzorgen, wat hij uiteindelijk niet gedaan heeft.

De gezichtspunten van de schilder en de literator zijn evenwel verschillend. De schrijver werkte onophoudelijk aan een historische en geografische reconstructie van de feiten, terwijl de schilder gebruikmaakte van bekende plekken in de Provence als achtergrond voor elk werk dat historisch of literair geïnspireerd was. Zijn doelstelling was niet zozeer feitelijk als wel overstijgend te zijn.

Flaubert had de omgeving van het tafereel opgeluisterd met kostbare voorwerpen en juwelen. Cézanne daarentegen gebruikte dezelfde aanpak als in zijn stillevencomposities waarin hij zocht naar voorwerpen van uiterste soberheid. Ook in deze *Verzoeking* is alleen maar een vrouwelijk naakt afgebeeld, en het koninklijk gevolg is vervangen door enkele *putti*.

Het hoofdmotief van het schilderij is dat er weerstand wordt geboden aan de verleiding. Op een van zijn schetsen uit 1875 schreef Cézanne: 'Kijk naar mijn schitterend lichaam, Antonius, naar de kleur van mijn huid, en bied geen weerstand aan de verleiding'. Destijds was voor Cézanne de vrouw de oorzaak van alle kwaad en degene die tot zonde aanzette. Hij slaagde er nooit in zijn angst voor vrouwen te overwinnen en evenmin zijn denkbeeld te veranderen. In feite had hij gedurende zijn hele leven weinig respect voor welke vrouw dan ook, behalve voor zijn moeder en zijn zuster Marie.

De vrijmoedige uitwerking van het thema doet denken aan het postromantische begin van de schilder. De technische uitvoering laat echter al een eigen stijl zien. Zo was de indeling van de figuren tevoren al in verscheidene schetsen uitgewerkt die leidden tot het definitieve schilderij, en zijn de kleuren veel levendiger.

Het eeuwige vrouwelijke
~ 1877 – olie op doek – 43 x 53 cm
Collection of The J. Paul Getty Museum, Malibu, California

In de jaren 1860 en 1870 liet Cézanne in zijn schilderijen een denkbeeld over de vrouw doorschemeren als de verleidster, schuldig aan de eerste zonde. Hieraan is de man onderworpen, die ontdaan is van elke wil. In het schilderij zijn zeer verschillende personages te zien. Links de mannen met macht, een bisschop, een soldaat, mannen die gekleed zijn overeenkomstig hun functie. Rechts kleurrijke personen als muzikanten, een schilder, een dichter, en andere informeel geklede figuren. Maar allen bevinden zich in staat van opwinding, onderworpen aan de naakte vrouw die in het midden ligt. Het vrouwelijke personage daarentegen lijkt ontspannen, bijna passief. Als kader is er een soort sluier die dienst doet als baldakijn in de vorm van een driehoek. De vrouw wordt uitgebuit, maar zij buit zelf ook uit.

Zoals altijd is de aankleding van Cézannes schilderijen heel eenvoudig. Behalve het baldakijn zijn een vaas met bloemen en een deel van een schilderij te zien. Een achtergrond is nauwelijks waarneembaar. Het lijkt om een open ruimte te gaan. Deze doet het provocerende effect van het tafereel op een directere manier uitkomen.

De techniek van het werk loopt vooruit op een van de kenmerken die Cézanne in de jaren erna ontwikkelt. Zo zijn de penseelstreken op een bonte manier diagonaal neergezet, op parallelle wijze. Hierdoor wordt het gevoel van beweging benadrukt die naar de centrale vrouwelijke figuur leiden. Dit kenmerk zou al spoedig door postimpressionistische schilders worden overgenomen.

Ondanks de grote technische waarde ervan hield Cézanne later, toen hij de buitensporige stijl van deze tijd al achter zich had gelaten, niet meer van dit werk.

De schilder aan de rechterkant op het doek die het tafereel schildert, is geïdentificeerd als Cézanne zelf, die zijn innerlijke strijd tussen de vleselijke lust en de angst voor het vrouwelijke geslacht uitdrukt.

Hortense Fiquet met gestreepte rok
(Hortense Fiquet in rode stoel)
1877 – olie op doek – 72,5 x 56 cm
Museum of Fine Arts, Boston

Dit portret werd gemaakt in de korte periode dat Cézanne met zijn vrouw samenwoonde. Hoewel hun relatie al acht jaar eerder was begonnen, werd die nooit stabiel. Het grootste deel van de tijd leefden ze gescheiden, Cézanne in de Provence en Hortense met hun zoon Paul in Parijs.

Dit is een van de meest kenmerkende portretten van Hortense. Het werd gemaakt in het appartement dat het paar deelde in de Rue de l'Ouest 67 in Parijs en is gemakkelijk te herkennen aan het gekleurde behang op de achtergrond, dat Cézanne in verscheidene werken uit die tijd liet terugkeren. Hier heeft de schilder de lijnen van de achtergrond echter weggelaten en zijn alleen de blauwe bloemmotieven op het groengele papier overgebleven. Dit voorkwam dat het te veel zou contrasteren met de rode leunstoel. De leunstoel is in veel werken van de schilder een gewaardeerd en zelfs benadrukt element dat het personage grotere waardigheid verleent. Dit is zeker hier het geval, waar de stoel rood is met enkele purperen toetsen, die traditioneel symbool staan voor macht.

De drijfveer van dit hele werk is kleur. De okerkleur van het gekleurde behang op de achtergrond licht hier en daar blauw op, in dezelfde kleur als de jurk. Dit verleent de hele compositie haar ritme. De kleuren komen zelfs samen in het gezicht, de handen en de jurk. Onder in het schilderij daarentegen gaan de in horizontale en verticale lijnen aangebrachte groentinten over in de achtergrond. Dit schept een verrassende architectonische structuur die alle diepte wegneemt en op die manier een eenheid van de verschillende vlakken oproept.

Cézanne beeldde in dit werk Hortense met een nadenkende blik af. Hij hield ervan haar zo weer te geven en liet haar glanzende ogen met kleine penseelstreken goed uitkomen.

Dit werk trok de aandacht van kubistische schilders. Pablo Picasso had de gelegenheid het in Parijs te bekijken toen het in het bezit van de verzamelaar Ambroise Vollard was. Hij zou in 1909 een *Zittende vrouw* schilderen, van wie de houding van de armen en het lichaam in de stoel erg doen denken aan dit portret.

Vaas, kop en fruit
1877 – olie op doek – 60 x 73 cm
The Metropolitan Museum of Art, New York

Op de atelierschilderijen uit deze tijd komt deze achtergrond met okerkleurig behang vaak voor. Het is het behang aan een van de muren van het appartement aan de Rue de l'Ouest waar de schilder samen met Hortense en zijn zoon Paul woonde.

Het behang is soms ook te zien als achtergrond van portretten en is dan vager weergegeven. In andere gevallen, zoals op dit stilleven en op *Fruitschaal en bord met koekjes*, eveneens uit het jaar 1877, zijn de witte ruiten en de blauwe bloemen op de snijpunten gedetailleerder geschilderd. Dit maakt de compositie krachtiger en tevens krijgt het geheel een evenwichtiger aanzien.

De groene, geglazuurde vaas van keramiek komt terug in ander werk, meestal links op de achtergrond, omdat het groter is dan de andere afgebeelde voorwerpen.

Het witte laken beslaat het midden van de compositie en voorziet deze van licht. Het heeft al geen rechtlijnige vouwen meer zoals in de eerste stillevens, die doen denken aan de stillevens uit de barok. Het laken is hier dubbelgevouwen geschilderd om de compositie dynamischer te maken.

Op het laken liggen gele en rode appels. Het zijn deze appels die de kenmerkende elementen worden van zijn stillevens. 'Ik wil Parijs verbazen met een appel,' zou Cézanne jaren later verklaren, toen hij ze al met een heel eigen karakter weergaf waardoor ze uniek werden.

Appels
1887-1878 – olie op doek – 19 x 26,7 cm
The Provost and Fellows of King's College (Keynes Collection),
Cambridge. In depot van het Fitzwilliam Museum

Appels zijn meer dan een kenmerkend element in de schilderkunst van Paul Cézanne. Ze vormen bijna zijn artistiek manifest. In de eerste plaats omdat hij een van de aspiraties in zijn al gevorderde loopbaan kenbaar maakte met de woorden 'Ik wil Parijs verbazen met een appel', dat wil zeggen, op een zo sober en eenvoudig mogelijke wijze. In de tweede plaats omdat appels een geheel eigen schildergenre voor hem vormden. Hij experimenteerde daarin met nieuwe technieken die toepassing van contrasterende kleuren mogelijk maakte, van rood via geel naar groen. De oppervlakken erin ontwikkelen zich van een rond naar een vlak uiterlijk, met onregelmatige vormen die ten slotte bijna abstract worden.

In de derde plaats gaat het om een vrucht die overal in de Provence gemakkelijk te vinden was en derhalve een onmisbaar element in zijn stillevens. Hierin komen nooit pompeuze of exotische voorwerpen voor, maar de gewoonste dingen die hij bij de hand had. Soms waren er zelfs zoveel appels, zoals ook in het huis van Camille Pissarro, dat zijn vrouw zei: 'Dit jaar worden we onder de appels bedolven.'

Edgar Degas kreeg dit schilderij in 1896 in zijn bezit. Hij had de bedoeling het in een museum op te nemen dat hij aan het opzetten was, maar uiteindelijk is het museum nooit van de grond gekomen. Hij gaf het schilderij de bijnaam *Groene, gele en rode appels*. Degas, wiens lievelingsonderwerp danseressen in een wat verfijndere omgeving waren, kon het schilderij van Cézanne niet op waarde inschatten. Aan het eind van de jaren 1890 verklaarde hij er een 'betovering van een soort edele wildheid' in te zien.

De zee bij L'Estaque
1878-1879 – olie op doek – 73 x 92 cm
Musée Picasso, Parijs

Het dorp L'Estaque ligt acht kilometer bij Marseille vandaan. Het voormalige oord van warmwaterbronnen begon eind negentiende eeuw een industrie te ontwikkelen met cement-, bakstenen- en dakpannenfabrieken. Hierdoor verloor het de vroegere betovering. Cézanne woonde destijds in L'Estaque. In september 1878 ging Hortense met haar zoon in Marseille wonen en Cézanne verhuisde daar ook naartoe. Hij nam 's ochtends de trein om in L'Estaque te gaan schilderen en kwam 's middags terug.

In totaal maakte Cézanne zevenentwintig werken die geïnspireerd zijn op de baai van L'Estaque, steeds gezien vanaf een hooggelegen punt. Er zijn huizen en fabrieksschoorstenen op te zien, die afsteken tegen de zee.

Het landschap van L'Estaque, dat ingeklemd ligt tussen de bergen en de zee, was in de zomer van 1876 al door de schilder ontdekt. In een brief van 2 juli nodigt hij de 'zachte landschapsschilders van Auvers' uit, namelijk Camille Pissarro en Jules Guillemet, om met hem te gaan schilderen. Tegenover het impressionisme met zijn zachte kleuren en korte penseelstreken bood deze plek in de natuur scherpe contrasten, grote lichtheid en opvallende kleuren.

De grote vlakken van de hemel, de zee en de grond zullen zorgen voor de ontwikkeling van Cézanne naar een meer samenhangend en persoonlijker postimpressionisme. Het zijn tevens de in de brief genoemde elementen die op dit doek het duidelijkst te vinden zijn, hoewel er nog zesentwintig andere werken zijn die geïnspireerd zijn op de baai van L'Estaque.

Alle werken over L'Estaque laten een onderling verband zien. Ze worden allemaal gevormd door verschillende elementen zoals huizen, rotsen, bomen, bergen, enzovoort. Deze zijn in samenhang gerangschikt in een dominerende ruimte, die het werkelijke hoofdonderwerp van het schilderij is.

Misschien was het de uitwerking van de ruimtelijkheid die de aandacht van de kubistische schilders trok. Pablo Picasso kocht dit doek in de jaren 1940 en hield het tot zijn dood in zijn bezit. (Dit is de reden dat het te zien is in het Musée Picasso in Parijs.) George Braque, die gefascineerd werd door de geometrie in deze landschappen van Cézanne, gebruikte dezelfde techniek van vereenvoudiging in zijn schilderijen, waaronder die van het *Viaduct van L'Estaque* uit 1908.

De berg Marseilleveyre en het eiland Marie.
(De zee bij L'Estaque – De baai van L'Estaque gezien vanuit het oosten)
1878-1882 – olie op doek
Memorial Art Gallery of the University of Rochester, Rochester, New York

Het perspectief in dit schilderij is verkregen door de gebogen lijn die aan de rechterkant bij de bomen begint en doorgaat tot aan de oever van de zee aan de overkant.

Aan het perspectief dragen de kleuren bij, die op de voorgrond overwegend okerkleurig zijn, in het midden groen en op de achtergrond een steeds lichter wordend blauw voor de zee en de hemel.

In de tweede helft van de jaren 1870 was Cézanne zich bewust geworden van het grote gewicht dat het Provençaalse landschap in zijn werk had. Het beschikte over scherp licht, landschappen die door de mistral gegeseld werden, en scherpe contrasten tussen oppervlakken die varieerden van rotsen en bomen tot stranden. Dit droeg ertoe bij dat hij een eigen stijl creëerde. Het merendeel van de impressionisten schilderde lieflijker landschappen in de Île-de-France, waar het licht zachter en gedempter was, en het landschap minder grillig.

In de baai van L'Estaque vond Cézanne een grote variatie aan vormen, kleuren en structuren. Zo bezien komt de nieuwe stijl van opbouw van de schilder al naar voren, die hij in de volgende tien jaar verder zal ontwikkelen. De elementen zelf worden minder belangrijk ten gunste van hun geometrische vormen.

Cézanne had een nieuwe manier gevonden om met het landschap om te gaan, het te observeren en over te brengen. Daarom wordt het voor hem vanaf dit jaar steeds moeilijker de Provence te verlaten en zal hij besluiten zich steeds verder van de stromingen in de schilderkunst in Parijs te distantiëren.

Bergen in de Provence, mogelijk nabij L'Estaque
~1879 – olie op met weefsel versterkt papier – 53,5 x 72,4 cm
National Museum and Gallery of Wales, Cardiff

Ondanks de complexiteit van de elementen in dit schilderij is er een indruk van spontaniteit ontstaan, dankzij de onder-grond die gebruikt is. Op papier, dat gladder is dan doek, kunnen penseelstreken zonder problemen worden aangebracht. Daarom zijn deze op dit schilderij vrijer en spontaner. De verf is dik maar niet op een gelijkmatige manier, waardoor sommi-ge stukken wit zijn gebleven.

Roger Fry, een van de eersten die Cézannes werk bestudeerde, zei van dit schilderij dat het 'het beste landschap was van Cézanne, en ik durf nauwelijks te zeggen welke plaats het voor mij inneemt tussen alle voorbeelden van landschappen die bekend zijn'. Paul Gauguin deelde deze mening. In een brief aan Camille Pissarro omschreef hij het als 'een landschap in het zuiden dat niet af is en desondanks zeer goed uitgewerkt met groenig blauw en oranje. Ik vind het gewoon fantastisch.' Hij had het in de winkel van père Tanguy gekocht aan het begin van de jaren 1880 en in 1885 maakte hij zelfs een reproductie op een waaier. Toen hij in 1891 naar Tahiti vertrok, moest zijn vrouw het om financiële reden verkopen. Drie jaar later pro-beerde de schilder het terug te krijgen, maar hij slaagde daar niet in.

Het impressionisme had de weg gebaand voor een andere, heel persoonlijke stijl, die door middel van het landschap een duurzame waarheid wilde overbrengen, een overpeinzing die verder ging dan het kortstondige visuele effect. Misschien werd het werk daarom zo door Gauguin gewaardeerd. Cézanne zou uiteindelijk met hem in botsing komen. 'Gauguin heeft een idee dat van mij afkomstig was, gekopieerd,' zei hij herhaaldelijk.

Populieren
1879-1880 – olie op doek – 65 x 80 cm
Musée d'Orsay, Parijs

Dit werk doet meer denken aan de schilderijen van andere impressionisten dan aan die van Cézanne zelf. Niet voor niets werd dit doek een aantal keren tentoongesteld naast de *Brug van Maincy*, omdat in beide werken een andere schildertechniek was gebruikt dan in andere landschappen van de schilder en ze ook veel luchtiger en vrolijker waren dan de rest.

Het onderwerp is echter heel eigen aan de romantiek. De uitbundige en weinig onderhouden vegetatie lijkt op die van een verlaten plek en beslaat het midden van het schilderij. Toch is aan beide kanten het aanzien van de bomen tot zijn essentie teruggebracht.

Het kleurenpalet beperkt zich tot blauw- en geeltinten en vanuit die twee kleuren lijkt het groen het schilderij wel te overstromen. Het heeft echter zoveel nuanceringen dat het de indruk geeft dat er met meer kleuren geschilderd is. Tussen de penseelstreken is al wit te zien, dat iedere keer meer te voorschijn komt vanuit de verf die als ondergrond is gebruikt op het doek. Er wordt gebruik van gemaakt alsof het een extra kleur is en alsof het ook met penseel is aangebracht.

Het verdwijnpunt bevindt zich op de linkerkant van het schilderij, waar de blik naar toegaat na de rij populieren en vervolgens de bocht in de weg te hebben gevolgd. Het laatste is een knipoog naar zijn vriend Pissarro, die ervan hield dit effect in te voegen.

De compositie van dit schilderij is gemaakt aan de hand van zorgvuldig boven elkaar geplaatste vierhoeken en van vrije penseelstreken die niet het hele oppervlak bedekken. De penseelstreken zijn op een bewuste manier kort of vloeiend dan wel snel of rustig opgebracht, om elke populier iets eigens te geven. Bomen vormden een heel belangrijk motief in Cézannes landschappen en mettertijd beheersten ze het beeld steeds meer. In enkele van zijn werken vormen ze zelfs het enige onderwerp.

Bord met fruit
1879-1882 – olie op doek – 19 x 38 cm
Národni Galeri, Praag

Sommige werken van Cézanne hebben een afwijkend formaat, zoals dit erg langwerpige schilderij. Soms wilde de schilder experimenteren met afmetingen die niet gangbaar waren. Ook schilderde hij sommige stukken wel en liet andere stukken open, al naargelang hij een bepaald stuk van het schilderij belangrijk vond of niet.

Wat de stillevens betreft, er wordt aangenomen dat de kunstenaar niet tevreden was met de rest van het schilderij en het doek kleiner maakte tot alleen het gedeelte met het fruit overbleef, zijn favoriete onderwerp.

Om het fruit hier beter te laten uitkomen, gebruikte Cézanne een licht bord dat helderheid geeft. De vruchten zijn donkerblauw omlijnd zodat ze afsteken tegen het plankje. De goudkleurige lijn zorgt voor glans in het midden van het schilderij en haalt de daar liggende peer meer naar voren.

Om meer effect te krijgen, is het bord vanuit een ander perspectief weergegeven dan het fruit. Het lijkt licht over te hellen naar de beschouwer. Het gebeurde vaak dat Cézanne, net als alle andere schilders, sommige voorwerpen in een dergelijke hellende positie zette door er muntstukken of kleine stukjes hout onder te leggen.

Het plankje is niet vlak, maar licht hellend. Het fruit is echter zo sprekend dat het een indruk van volledig evenwicht geeft.

Zoals bij de meeste stillevens van Cézanne heeft ook deze geen achtergrond in perspectief. Wel heeft de schilder de grijstinten een vorm gegeven die overeenkomt met het fruit op de voorgrond, waardoor beide delen met elkaar worden verbonden.

Drie baadsters
1879-1882 – olie op doek – 53 x 55 cm
Musée du Petit Palais, Parijs

Henri Matisse was een bewonderaar van dit doek van Cézanne, dat hij in 1899 van Ambroise Vollard kocht en tot 1936 in Nice bewaarde. Hij ontleende hieraan een snellere penseelstreek en een nieuw kleurenpalet voor zijn schilderijen. Hij gebruikte de vrouwelijke figuur met de losse haren die van de rug af te zien is, ook in zijn sculpturen.

Toen Matisse en zijn vrouw in 1936 besloten het stuk aan het Musée du Petit Palais in Parijs over te dragen, wenste de schilder dat er niet alleen melding werd gemaakt van het feit dat het een schenking betrof, maar ook hoezeer het schilderij voor hem van belang was.

Dit is de bekendste versie uit de serie. Misschien komt dit door de geschiedenis die bij het schilderij hoort en misschien ook, zoals Matisse meent, omdat het een technisch hoogtepunt is in het onderwerp van de baders, die Cézanne in twintig tekeningen uitwerkte. Cézanne koos een bijna vierkant formaat om het gevoel van compactheid te versterken dat hij aan het eind van de jaren 1870 al meer begon toe te passen. Dit werk komt voort uit een diepgaand innerlijk proces, terwijl het in de ogen van de beschouwer een heel dynamisch schilderij is.

Het onderwerp van de baders en baadsters, waaraan Cézanne aan het begin van de jaren 1870 mee was begonnen, zou hij gedurende zijn hele loopbaan herhalen. Wel schilderde hij mannen en vrouwen altijd apart. Hij wilde geen schilderijen maken, zoals die uit de jaren 1870 en 1880, die openlijk sensueel waren en waarin mannen en vrouwen lijken op te gaan in prikkelende taferelen. Cézanne kon zich zo meer concentreren op de relatie die de mens met de natuur had en hem een meer spiritueel karakter verlenen.

Soms keren dezelfde figuren terug, zoals de vrouw die met de rug naar de beschouwer op de grond zit, rechts in de compositie. De schilder laat haar in zijn schilderijen over dit thema in verschillende schakeringen terugkomen. Hier maakt het krullende haar dat over haar rug valt de robuustheid van haar lichaam zachter.

1880-1884

451. Environs d'Aix-en-Provence. – LE THOLONET. – Vue générale

Oude ansichtkaart met een overzichtsfoto van Le Tholonet. Deze plaats dicht bij Aix-en-Provence inspireerde Cézanne tot het schilderen van talrijke landschappen.

1880

▬ Cézanne is erg onder de indruk van het boek *Nana* van zijn vriend Émile Zola. In een brief bedankt hij hem voor toezending van het boek: 'Het is een geweldig boek'.

▬ Van januari tot maart verblijft hij in Melun. Op 1 april gaat hij aan de Rue de l'Ouest 32 in Parijs wonen.

▬ Hij ziet af van deelname aan de vijfde expositie van impressionisten van 1 tot 30 april. De jonge Paul Gauguin zal er voor het eerst aan deelnemen.

▬ Tussen 18 en 22 juni publiceert Zola *Naturalisme in de Salon*, een serie van vier artikelen. In een ervan schrijft hij: 'Paul Cézanne, een groot schilder die nog steeds op zoek is naar een juiste uitwerking, staat dicht bij Courbet en Delacroix.'

▬ De maand augustus brengt hij door in Médan, in het huis van Zola. Daar ontmoet hij Joris-Karl Huysmans, een van de meest vooraanstaande critici uit die tijd. Toen had Huysmans nog geen waardering voor Cézannes werk, maar een aantal jaren later werd hij een van zijn meest fervente pleitbezorgers.

▬ Cézanne wordt door de Salon geweigerd. Pierre-Auguste Renoir en Claude Monet, die er wel exposeren, sturen een brief naar de Minister van Schone Kunsten waarin ze hun onvrede uiten over de slechte plaats die hun schilderijen hebben gekregen en ze verzoeken om een zuiver impressionistische expositie. Cézanne stuurt een kopie van de brief naar Zola met het verzoek of hij deze in 'Le Voltaire' wil publiceren, met een inleiding waarin de exposities van de groep worden genoemd.

1881

▬ Opnieuw weigert Cézanne deel te nemen aan de expositie van impressionisten, die voor het zesde opeenvolgende jaar gehouden wordt. Monet en Renoir trekken zich uit de expositie terug.

▬ Cézanne wordt opnieuw door de Salon geweigerd.

▬ Hij blijft tot juli in Parijs. Daarna gaat hij samen met Hortense en zijn zoon Paul in Pontoise wonen, waar hij met Camille Pissarro in de openlucht schildert. Hij leert daar Paul Gauguin kennen.

▬ Vanuit Pontoise maakt hij geregeld een 15 km lange wandeling naar Médan om daar Zola te bezoeken.

1882

▬ In januari brengt Renoir enkele dagen met Cézanne in L'Estaque door. De twee schilders werken samen totdat Renoir een longontsteking oploopt en door Cézanne en zijn moeder verzorgd wordt. Samen met Renoir zal Cézanne zijn meest indrukwekkende en best opgebouwde schilderijen maken.

▬ In het voorjaar keert Cézanne naar Parijs terug en ziet af van deelname aan de impressionistische expositie onder het voorwendsel dat hij geen werk heeft om in te sturen.

▬ Hij brengt de zomer door in het huis van Victor Chocquet in Hattenville (Normandië).

Rose Cézanne rond 1874.

Een impressionistisch uitje (~1881). Georges Pissarro, de zoon van de schilder Camille Pissarro, maakte dit werk. Te zien zijn Jean-Baptiste-Armand Guillaumin, Camille Pissarro, Paul Gauguin, Paul Cézanne, Madame Cézanne (Hortense Fiquet) en de zoon van Georges Pissarro, Manzana.

▬ Voor de eerste en enige keer exposeert hij in de Salon. Hij had zich voorgesteld als een 'leerling van Guillemet', een van de juryleden. Het gaat om een portret van een man.

▬ Hij verblijft vijf weken in het huis van Émile Zola in Médan.

▬ Hij werkt in de omgeving van Pontoise met Camille Pissarro.

1883

▬ In het voorjaar huurt hij een huisje dicht bij het station van L'Estaque en brengt daar het hele jaar door. Vaak gaat hij met Monticelli in de openlucht schilderen.

▬ Joris-Karl Huysmans publiceert *Moderne kunst*. Een paar dagen later, op 15 mei, stuurt Pissarro hem een brief: 'Hoe komt het dat u met geen woord over Cézanne rept, die we allemaal als een van de belangwekkendste en opmerkelijkste figuren uit onze tijd beschouwen en die heel grote invloed heeft gehad op de moderne kunst?' Huysmans antwoordt: 'Zeker is hij een kunstenaar met karakter, maar al met al is hij naar mijn idee, met uitzondering van een paar stillevens die standhouden, nauwelijks van belang.'

▬ Gauguin koopt in de winkel van père Tanguy twee schilderijen van Cézanne: een blik op L'Estaque en een laan met bomen.

▬ Aan het eind van het jaar krijgt Cézanne Monet en Renoir op bezoek, die samen langs de mediterrane kust van Marseille naar Genua reizen. Cézanne schildert samen met hen in de openlucht bij La Roche-Guyon.

1884

▬ De laatste deelname aan de Salon. Het ingezonden schilderij wordt door de Salon geweigerd, ondanks de aanbeveling van het jurylid Guillemet.

▬ Zijn werken worden in de winkel van père Tanguy in Montmartre bewonderd. Paul Gauguin en Paul Signac kopen er enkele van.

Zelfportret
1880-1881
olie op doek
26 x 15 cm
Musée d'Orsay, Parijs

In tegenstelling tot wat men zou verwachten, werd Cézanne steeds minder sociaal naarmate hij meer bekendheid kreeg en beroemder werd. Deze voortgaande verbittering vond vooral plaats in de jaren 1880. Zolang hij zijn werk in de winkel van père Tanguy kon verkopen, zou hij het niet elders doen. Hij accepteerde geen bewonderaars onder critici of schilders, van wie hij meende dat ze er altijd op uit waren om van hem te profiteren. Jaren later verklaarde hij: 'Er valt niet aan de vuile streken van mensen te ontsnappen. Het is allemaal diefstal, ijdelheid, hebzucht en zakkenvullerij van mensen die zich je werk toe-eigenen.'

De groenige achtergrond laat het roodachtige gezicht van de schilder goed uitkomen, die in dit schilderij ruw overkomt. Cézanne was een van de schilders die de fysieke kenmerken van zijn gezicht nauwkeurig onderzocht en toch bracht hij in de uiteindelijke afbeelding nooit zijn emoties over. Mogelijk komt dit doordat de langzame, zeer uitgewerkte techniek van zijn schilderijen hem dwong lange tijd te poseren, waardoor zijn gezicht aan levendigheid inboette. Het ligt ook aan zijn gereserveerdheid, want in al zijn portretten schildert Cézanne zichzelf als een introverte, eenzelvige figuur, die de beschouwer wat wantrouwend aankijkt.

Zoals gewoonlijk draagt de schilder eenvoudige kleding die hier bovendien niet helemaal uitgewerkt zijn. Het grootste oppervlak ervan is niet geschilderd. De grote donkere vlekken zorgen voor volume en geven de revers van het jasje aan.

Fruitschaal, glas en appels (Stilleven met fruitschaal)
1880 – olie op doek
The Museum of Modern Art, New York

Paul Gauguin was de eerste eigenaar van dit stilleven en gebruikte het op de achtergrond in zijn *Portret van een vrouw* uit 1890. Hij was zich er eveneens van bewust hoe belangrijk het werk van Cézanne was om de crisis in het impressionisme te boven te komen. Nadat hij in 1881 met Cézanne en Camille Pissarro in Pontoise was geweest, schreef hij Pissarro een brief met daarin de vraag: 'Heeft Cézanne de juiste formule gevonden om een werk te maken dat door iedereen geaccepteerd wordt? Als hij het recept ontdekt om de intense expressie van alle indrukken samen te vatten in één uniek proces, probeer dan om hem in zijn slaap te laten praten.'

Omdat Gauguin niet achter het geheim kon komen, kocht hij een aantal doeken van Cézanne die hij technisch ontleedde. Ook kopieerde hij onder meer de penseelstreken in één richting. De bewondering was niet wederzijds. Cézanne nam Gauguin, die hij een 'maker van Chinese plaatjes' noemde, niet erg serieus.

In dit stilleven zijn de voorwerpen vanuit twee of drie verschillende gezichtspunten neergezet. De donkere omlijning van de vruchten maakt ze tot een geheel en draagt er bovendien aan bij dat de voorgrond en de achtergrond met elkaar worden verbonden. De achtergrond is donker, hoewel deze zich dicht bij de beschouwer vindt.

Om meer diepte aan te brengen, plaatste Cézanne in diagonale richting een mes op de tafel. Dit detail is terug te vinden in andere stillevens van zijn hand, zoals *Stilleven met uien* uit 1896 en *Blauwe pot met wijnfles* uit 1902. Het was een hulpmiddel dat typerend was voor de stillevens van Jean-Baptiste-Siméon Chardin, die Cézanne in het Musée du Louvre had kunnen bekijken.

De penseelstreken zijn krachtig, parallel aangebracht in diagonale richting, wat in die tijd gebruikelijk was. Bij sommige voorwerpen is dit om een fijnere structuur te verkrijgen echter wat vager gebeurd, zoals in de bloemen van het behang en in het glas.

Het wit van het servet en de fruitschaal zorgen voor licht en leiden de blik van de beschouwer naar het midden van het schilderij. Het blauw is gebruikt om schaduwen te creëren en de vormen diepte te geven.

Val d'Oise
~1880 – olie op doek – 72 x 91 cm
Privé-collectie

Dit is een van de eerste schilderijen die Cézanne verkocht. In 1886 werd het in de winkel van père Tanguy op verzoek van de schilder Paul Signac gekocht door diens moeder. Signac heeft nooit afstand gedaan van dit schilderij zodat het zelfs nu nog aan de familie behoort.

Het schilderen in de open lucht van een landschap achter bomen was typisch een impressionistisch motief. Cézanne nam het van zijn vriend Camille Pissarro over toen ze halverwege de jaren 1870 samen buiten schilderden in de buurt van Pontoise. Van zijn contact met de impressionisten zou Cézanne de manier van observeren en vastleggen van de natuur op doek behouden.

Desondanks verschijnen er bij Cézanne aan het begin van de jaren 1880 nieuwe technische kenmerken bij deze composities. Deze technieken zijn van hemzelf en de schilder laat ze daarna niet meer los. Dit geldt onder meer voor het aanbrengen van de verf op het linnen. Anders dan in de impressionistische schilderijen bracht Cézanne de penseelstreken duidelijk in een bepaalde richting aan, in dit geval van boven naar beneden. Dit stramien dat doet denken aan een weefsel, zorgt ervoor dat de beschouwer het zo geschilderde oppervlak ziet als een soort gaas dat hem scheidt van de horizon in het schilderij. Het vormt een obstakel voor de illusionistische traditie van de klassieke landschapsschildering. Hier hebben de bomen deze onwerkelijke penseelstreek, terwijl de horizon uitgewerkt is met vrijere penseelstreken, die een indruk geven van levendigheid en natuurlijkheid.

De ruimte is hier verdeeld in drie vlakken: het eerste dat door de bomen wordt gemarkeerd, het middelste vlak van de heuvel, en het derde waar de vallei met de boerderijen is afgebeeld.

De weergave is realistisch. De schilder heeft geen elementen ingevoegd of weggelaten die zich niet in het perspectief van de vallei, bezien vanaf de heuvel, bevonden. Er is sprake van het begin van het voorjaar, wanneer de bomen nog geen vol blad hebben.

Appels en koekjes
~1880 – olie op doek – 46 x 55 cm
Musée de l'Orangerie, Parijs

Dit stilleven heeft een zo tot in essentie teruggebrachte, eenvoudige structuur, dat veel mensen hem zeer typerend voor Cézanne vinden. Misschien waren de Amis du Louvre er daarom zo op gebrand te proberen het door de voormalige eigenaars aan een staatsmuseum te laten schenken.

In zijn innerlijke strijd om een nieuwe manier van schilderen te vinden, ontwikkelde Cézanne het genre van de stillevens zoals niemand tot dan toe had gedaan. Academisch werd het stilleven beschouwd als een minder belangrijk genre waarmee een begin kon worden gemaakt met de beoefening van de schilderkunst.

In zijn onophoudelijke zoektocht naar perfectie maakte Cézanne zeven doeken met de elementen die op dit werk verschijnen. Het zijn appels en andere, heel eenvoudige voorwerpen die op een moeilijk te duiden houten ondergrond liggen. Het zou een plank in een kast kunnen zijn of het deksel van een kist. Het behang met blauwe bloemen vormt de achtergrond.

Deze achtergrond komt in andere schilderijen terug en onderzoekers zijn van mening dat het kan gaan om een met behang beklede muur in Melun. Daar had de schilder tussen 1879 en 1880 een huis gehuurd. Het kan echter ook in Parijs zijn geweest, waar hij van 1880 tot 1882 woonde.

De compositie van dit werk bestaat uit drie horizontale stroken. Onderin lijkt het om de voorzijde van een kist te gaan. Daarboven het deksel met daarop het fruit en het bord, en tenslotte de achtergrond met het gekleurde behang. De oppervlakken zijn zeer goed geproportioneerd; de middelste strook is iets breder dan de andere twee.

De appels zijn wat kleurschakering betreft zeer evenwichtig neergelegd. De oranjeachtige bevinden zich in het midden en de gele en rode aan de zijden. Een vals perspectief zorgt ervoor dat er maar twee rode appels afsteken tegen het achtergrondprofiel.

Sommige elementen gaan mee in het ritme van het heersende evenwicht. Dit geldt voor de lichte helling van het liggende vlak, het object dat een metalen handvat lijkt en een ander perspectief heeft dan de appels, en het bord met koekjes dat rechts half te zien is.

Liefdesstrijd
~1880 – olie op doek – 96,8 x 127 cm
Privé-collectie

Binnen zijn fantasiethema's is *Liefdesstrijd* het enige schilderij waarvan Cézanne drie tamelijk op elkaar lijkende versies maakte, misschien omdat het voor zijn tijdgenoten een belangwekkend motief was. Van deze drie versies had Camille Pissarro een olieverfschilderij in zijn bezit, net als Pierre-August Renoir, en de criticus Octave Mirbeau bezat een aquarel.

Het is opmerkelijk dat, hoewel dit genre nog niet in zwang was tijdens de toen heersende schilderkunst, *Liefdesstrijd* toch zeer gewaardeerd werd door schilders en critici. Renoir ging twee keer naar Aix om samen met Cézanne in de natuur te leren schilderen, hoewel hij al een van de bekendste schilders was (hij was erin geslaagd samen met Claude Monet in de officiële Salon te exposeren).

Voor Cézanne bleef het een obsessie om door de officiële salons geaccepteerd te worden en om een klassiek schilder te worden die de kunstenaarstraditie sinds de Oudheid voortzet. Zijn ambitie was 'Poussin vernieuwen door de natuur te volgen'.

Liefdesstrijd toont een bacchanaal, maar geen vreedzaam tafereel zoals die uit de Renaissance. Het is veel gewelddadiger. Vier vrouwen worden door vier mannen belaagd. In de hoek rechtsonder verleent een zwarte opspringende hond het tafereel nog meer dierlijkheid.

In dit theatrale, erotische werk worden de bewegingen van de figuren versterkt door gigantische, vreemd gevormde wolken van verschillende grootte. De bomen vormen een kader om de figuren, en de hellende stam aan de linkerkant lijkt ze zelfs te bedreigen.

Dit werk van Cézanne wordt gezien als het laatste waarin seksuele agressie wordt afgebeeld. Sommige critici hebben dit genre gezien als een onweerlegbaar bewijs van het verstoorde seksuele leven van de schilder en van zijn diepgewortelde haat tegen vrouwen. Anderen zien het als een onderwerp dat duidelijk past in de traditionele strijd tussen de seksen.

De bochtige weg (Huizen op de heuvel)
1881 – olie op doek – 60 x 73 cm
Museum of Fine Arts, Boston

Er zijn een aantal opvallende elementen aan dit schilderij. In de eerste plaats is de voorstelling hellend. Op de tweede plaats lijkt het scheef geschilderde bovendeel wat platgedrukt en lijkt de horizon daarin te versmelten, waardoor het lijkt alsof lucht en berg in elkaar over lopen.

Andere typische kenmerken voor Cézanne zijn het dicht beschilderde oppervlak, een techniek die hij weliswaar regelmatig gebruikte aan het eind van de jaren 1870, maar later steeds meer zou afzweren; hij liet hele stukken onvoltooid waarop alleen grondverf is te zien.

De huizen hebben, zoals ook in andere landschappen van hem, verkleinde deuren en ramen om hun muren te vereenvoudigen tot geometrische vlakken, die hier simpele rechthoeken worden, die zich verweven met de bomen, wier verticale lijn wordt afgebakend door een onderbroken contour.

Het geometrisch maken van de vormen zorgt ervoor, in combinatie met de opeengepakte penseelstreken, dat de compositiestructuur van dit hele werk het uiterlijk van een mozaïek krijgt, ook omdat Cézanne afzag van de traditionele methoden om een gevoel van afstand te bereiken, zoals verticale schikking of perspectief vanuit de hoogte.

Zoals gebruikelijk in zijn landschappen is er ook in dit dorpje geen mens of dier te bekennen, zoals dat op de schilderijen van de impressionisten juist vaak wel het geval was, met name bij zijn vriend Camille Pissarro. Om het ontoegankelijke karakter van de locatie te benadrukken, gaf hij op de voorgrond een bocht in de weg weer, met daarachter, onder de bomen, de huizen met hun gesloten deuren en luiken.

Zelfportret met muts
1881-1882 – olie op doek – 55,5 x 46 cm
Bayerische Staatsgemäldesammlungen, München

Van de vele stijlkenmerken die hij voor zijn portretten aan anderen ontleende, koos Cézanne hier voor die van het zelf-portret van Jean-Baptiste-Siméon Chardin, die hij, hoewel hij hem 'een schurk' noemde, altijd bewonderde. Van hem nam hij ook verschillende schikkingen in zijn stillevens met eenvoudige voorwerpen over, naast details als het plaatsen van mes-sen in een diagonaal om diepte aan een compositie te geven.

In dit geval doet het gevouwen servet niet alleen denken aan het portret van Chardin, maar het geeft hem ook het uiter-lijk van een stukadoor of een handwerksman en het verbergt bovendien zijn kaalheid. Ook de kleding draagt bij aan deze eenvoud: het pak waarin hij is geportretteerd is van wol, in traditionele snit en van een neutrale bruine kleur.

Anders dan op *Portret van de kunstenaar met hoed met brede rand* beeldt Cézanne zich hier zelfbewuster af, alsof hij meer overtuigd is van zijn schilderkunst en zich begrepen en gewaardeerd voelt door de kritiek. Zijn blik is bedaarder, net als de houding van zijn schouders.

De penseelstreken zijn op regelmatige wijze aangebracht via dikke maar korte laagjes voor de achtergrond en het lichaam van de kunstenaar, terwijl zijn gezicht met zachtere streken is geschilderd.

De kleuren zijn royaal aangebracht op de verschillende oppervlakken om zo de verschillende texturen te creëren. Don-kerbruin, oker en oranjetinten domineren en zorgen voor een groot gevoel van eenheid.

Baadsters voor de tent
1883-1885 – olie op doek – 63 x 81 cm
Staatsgalerie, Stuttgart

Met deze compositie nam Cézanne afscheid van de manier waarop hij tot dan toe baders had geschilderd en begon hij deze scènes op een nieuwe manier vast te leggen.

De lichamen van de vrouwen zijn weinig gedefinieerd, doordat de schilder niet met modellen werkte – ze bezorgden hem een onoverkomelijke schroom – maar aan de hand van schetsen die hij als leerling aan de Académie Suisse maakte of van zijn kopieën van antieke en klassieke beelden. Hij nam ook wel eens zijn toevlucht tot de modetijdschriften van zijn zusters en zelfs tot een boek dat hij bij een Parijse kiosk kocht, *Het naakt in het Musée du Louvre*. In feite wilde hij ook niet zozeer de lichamen met hun fysieke eigenaardigheden weergeven als wel het menselijk wezen in zijn geheel.

Na de crisis van het impressionisme zocht Cézanne nieuwe thema's die meer pasten bij de sociale en artistieke context van het moment. Met deze baders vond hij een klassiek thema dat hij opnieuw kon uitvinden, want in de jaren 1880 was de mythe van het 'aards paradijs' weer sterk opgebloeid; het paradijs waar de mens vredig samenwoonde in een idyllische natuur. In de woorden van Cézanne: 'Het zou een meesterwerk zijn om de vriendschap van alle dingen in de openlucht te laten zien, in hetzelfde elan, in hetzelfde verlangen.'

Op een veel persoonlijker niveau liet Cézanne ook zijn oude naakten achter zich – die werden getekend door zijn eigen innerlijke conflict – en liet ze plaatsmaken voor een paradijselijke, onpersoonlijkere ruimte, waar een vredige relatie tussen mens en natuur bestond. Op de voorste zittende vrouw na zijn alle baadsters roodharig. Het is een terugkerend thema bij Cézanne om de haardos van zijn baadsters onwerkelijk te maken, alsof hij deze scènes meer fantasie wilde meegeven.

Voor deze gelegenheid greep hij terug naar een element dat hij erg waardeerde: het stoffen gordijn dat de personages hier aan de linkerkant inkadert.

Paul Cézanne, zoon van de schilder
1883-1885 – olie op doek – 35 x 38 cm
Musée National de l'Orangerie, Parijs

Hoewel er nooit een grote persoonlijke genegenheid heeft bestaan tussen vader en zoon, is het een feit dat de schilder in de loop der jaren veel steun had aan zijn zoon Paul, die zich bezighield met de promotie van zijn werk en als intermediair fungeerde tussen hem en zijn agent Vollard en andere klanten. Zijn zoon zou tegen het eind van Cézannes leven ook een van zijn grootste vertrouwelingen worden.

Cézanne had erg genoten van het tekenen van de kleine Paul in zijn schriften, toen deze nog te klein was om stil te poseren tijdens de vele sessies die de schilder nodig had voor elk doek. Hoewel Cézanne in de schriften die bewaard zijn zijn zoon met grote tederheid en vaak slapend afbeeldde, is deze op de doeken die hij van hem schilderde doorgaans ernstig en ietwat afstandelijk.

Op dit schilderij zien we de kleine Paul op de voorgrond, een zeldzaamheid op de portretten van Cézanne. De jongen is informeel afgebeeld, zittend op de arm van een zachte leunstoel. Zijn figuur heeft sterke contouren, maar de penseelstreken in zijn gelaat zijn zacht, met heel delicate contrasten en bleekblauwe schaduwen. Aan dit delicate gevoel draagt de leunstoel met zijn vage penseelstreken in oker en violet nog bij, net als de krachtig witte achtergrond, met lichte toetsen groen en geel aan de uiteinden om ze te verenigen met de figuur.

De serene en intelligente blik van het kind is opvallend. Er spreekt een waardering uit die vooruit lijkt te lopen op een brief waarin Cézanne hem zou bedanken voor zijn diensten: 'Lieve Paul, tot slot zal ik je zeggen dat ik het grootste vertrouwen in je gevoelens heb, die aan je verstand de noodzakelijke oriëntatie geven voor het beheer van onze belangen.'

Potten, fruit en laken voor de commode
(Stilleven met commode)
1883-1887 – olie op doek – 71 x 90 cm
Neue Pinakothek, München

Terwijl de stillevens van Cézanne meestal een neutrale achtergrond hebben of zijn voorzien van een schematische weergave van behangpapier op een muur, is *Potten, fruit en kleed voor een commode* een van de weinige werken waarop hij de achtergrond achter de objecten minutieus heeft vastgelegd. Links op de achtergrond zien we een muur met gebloemd behang en een plint aan de onderkant. Rechts zien we de commode uit de titel, met nauwgezette geschilderde sloten en handgrepen. Daarvoor bevindt zich een eenvoudige keukentafel met een witte doek, waarop dezelfde objecten staan die we ook op andere composities tegenkomen, zoals de groene, geglazuurde kan links, de suikerpot met de bloem, de gemberpot in het midden en daarvoor een fruitschaal met appels.

De doek werd wellicht in gips gezet om hem in dezelfde plooien te houden tijdens de vele uren die Cézanne nodig had om hem vast te leggen.

De schilder gebruikte een dubbel perspectief. De muur op de achtergrond en de commode zien we frontaal, terwijl tafel, potten en fruitschaal worden belicht vanuit een verhoogd perspectief, zodat ze beter te zien zijn. Hij forceerde zelfs de weergave van de groene kan, zodat de halsopening beter zichtbaar is. De fruitschaal neigt, door de vouwen in het kleed, bovendien naar links. De gele en rode appels zijn opeengehoopt op de fruitschaal, die ze amper allemaal kan bevatten, maar geven ondanks dat toch een idee van stabiliteit aan het geheel, waarbij elke appel zijn eigen identiteit heeft.

Het licht doet de glans van het keramiek goed uitkomen en geeft vrolijkheid aan een compositie die van zichzelf al lieflijk is dankzij de bloemen op het behang en de suikerpot.

1885-1889

De weg naar Tholonet, tegenwoordig de Cézanne-weg, en de Mont Sainte-Victoire, gefotografeerd rond 1920. Hier kwam Cézanne langs als hij enkele van zijn landschappen ging schilderen. De schilderijen van de Sainte-Victoire van eind jaren 1880 en begin jaren 1890 zijn zelfs vanaf deze weg geschilderd.

1885

— De ingezonden werken van Cézanne worden opnieuw afgewezen door de Salon, waarna hij besluit nooit meer wat in te zenden.

— In de lente heeft Cézanne een amoureuze verhouding met een vrouw uit Aix. De brieven die ze hem schrijft, stuurt ze naar het huis van Émile Zola, die deze, om de liaison geheim te houden, vervolgens poste restante doorstuurt naar de schilder.

— De maanden juni en juli brengt hij door in het huis van Pierre-Auguste Renoir en de Grand-Rue van La Roche-Guyon, nabij Parijs, waar hij op het postagentschap de correspondentie van zijn minnares blijft ontvangen.

— Na een verblijf in Vilennes (bij Pontoise) en Vernon (bij Giverny) bezoekt hij Chocquet op zijn boerderij in Hattenville in Normandië. Tijdens een bezoek aan Zola in diens zomerhuis in Médan vraagt Cézanne geagiteerd om een document dat hij Zola had toevertrouwd (waarschijnlijk zijn testament).

1886

— Als onderdeel van zijn romancyclus *Les Rougon-Macquart* publiceert Zola *L'Oeuvre (Het werk)*. Deze publicatie wekt de ergernis op van onder anderen Monet, maar vooral van Cézanne. Deze bedankt voor de toezending van het boek met een kil en laconiek briefje: 'Ik bedank de auteur van *Les Rougon-Macquart* voor deze goede blijk van zijn geheugen en verzoek hem mij de hand te drukken ter herinnering aan de voorbije jaren.' Ze zouden elkaar nooit meer schrijven of ontmoeten.

— Na aandringen van zijn moeder en zijn zus Marie trouwen Cézanne en Hortense op 28 april in het stadhuis van Aix-en-Provence, zodat de kleine Paul wordt erkend als wettig kind. De volgende dag vindt de kerkelijke inzegening plaats in de kerk van Saint-Jean-de-Malte.

— Op 23 oktober overlijdt de vader van Paul, Louis-Auguste Cézanne, op Jas de Bouffan. Na opening van het testament op 17 december blijkt de schilder de rest van zijn leven verlost te zijn van financiële zorgen.

1887

— Cézanne brengt het jaar schilderend door in Aix-en-Provence; hij schildert in de openlucht bij het Château Noir of de steengroeve van Bibémus.

— In een artikel in *Le Cris du Peuple*, publiceert Paul Alexis, secretaris van Zola, een gunstige kritiek op het werk van Cézanne.

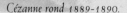

Cézanne rond 1889-1890.

De kerk Saint-Jean-de-Malle, Aix-en-Provence.
In deze kerk trouwden Cézanne en Hortense
op 28 april 1886.

1888

■ Renoir brengt in januari enkele dagen door op Jas de Bouffan, maar hij vertrekt al snel 'vanwege de sombere inhaligheid die in het huis regeert', een sfeer die was ontstaan na het openen van het testament een jaar eerder. Hij betrekt een kamer in Hotel Rouget.

■ Cézanne vestigt zich voor vijf maanden in Hotel Delancourt in Chantilly, bij Parijs, en later in Alford, Créteil en Eragny (bij Camille Pissarro).

■ Joris-Karl Huysmans publiceert *La Cravache*, een artikel dat de schilderskwaliteiten van Cézanne roemt.

■ Aan het eind van het jaar verhuist hij naar Parijs en huurt een appartement op Boulevard d'Anjou nr. 15, op het Îsle Saint-Louis, en een studio in de Rue du Val-de-Grâce.

■ In Parijs wordt de schildersgroep Nabis opgericht.

1889

■ Cézanne exposeert in Brussel op de salon van Les Vingt.

■ Dankzij bemiddeling van Chocquet wordt het doek *Het huis van de gehangene* tot groot genoegen van Cézanne getoond in het Parijse Palais des Beaux-Arts op de Exposition Centenaire de l'Art Français die tijdens de wereldtentoonstelling werd gehouden.

■ Cézanne brengt de maand juni door in het huis van Chocquet in Hattenville (Normandië).

■ In de zomer, wanneer hij in Aix is, ontvangt hij Renoir, met wie hij schildert in Montbriand, totdat er onmin tussen hen ontstaat. Keert later terug naar Parijs.

■ Van 30 oktober tot 11 november worden de doeken van Cézanne die in het bezit waren van Paul Gauguin, getoond in Kopenhagen, op een expositie van Frans en Scandinavisch impressionisme, georganiseerd door de Kunstforeningen.

De Eiffeltoren tijdens de bouw in het jaar 1888.
Dit monument werd in één jaar tijd gebouwd
voor de wereldtentoonstelling van Parijs,
die van groot belang was voor de ontwikkeling
van de kunst in de hoofdstad.

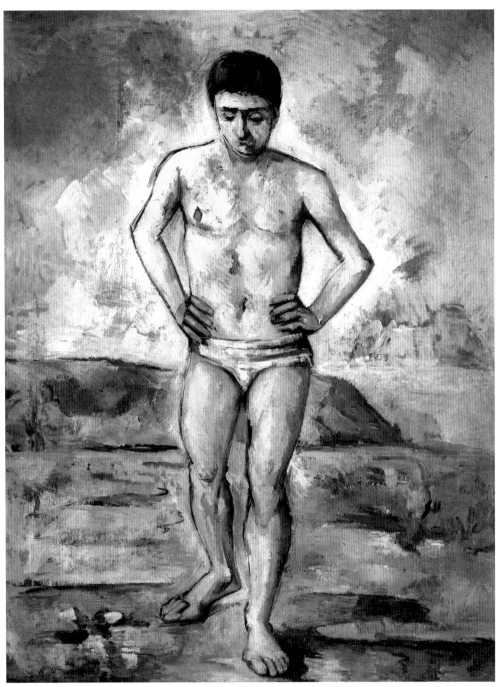

Grote bader
(Staande man met handen in de zij)
1885 – olie op doek – 127 x 96,8 cm
Museum of Modern Art, New York

Halverwege de jaren 1880 had Cézanne een eigen stijl gevonden voor zijn landschappen en stillevens en was hij naarstig op zoek om die ook te vinden voor zijn portretten en figuren van baders.

Doordat hij zich bewuster was van zijn technische capaciteiten en de steun genoot van de meerderheid van zijn collega's, greep hij in deze periode terug naar de figuur van de bader, maar dan op een rustigere manier dan op eerdere schilderijen. De armen lijken niet langer voor het evenwicht te moeten zorgen, zoals op *De bader met de open armen* van 1877, maar rusten op zijn heupen. Ook nu is de figuur niet in evenwicht, maar op een veel lichtere manier. Het blijven gesculptuurde personages, zoals de kopieën die Cézanne maakte van antieke beelden, maar ook van die uit de Italiaanse Renaissance en van Pigall en Puget.

Er is, vergeleken met eerdere baders, ook een betere relatie tussen de figuur en de natuurlijke ruimte. In dit geval omdat de bader het water nog niet helemaal heeft verlaten en dit dezelfde kleur heeft als het landschap en de lucht. De interrelatie tussen menselijke persoon en natuur op de achtergrond vormde een obsessie voor Cézanne, die hij vanaf dit schilderij wist te overwinnen, aangezien hij enkele van deze technieken tot het eind toe bleef gebruiken. Aan de andere kant benadrukt de manier waarop de verf is aangebracht – stevig maar vrij – in verschillende richtingen en onderbroken door de sterke contouren van de jongen, de kleurmassa's, of wat Cézanne 'abstracte constructie' noemde, het resultaat van zijn observatie van de werkelijkheid.

Bloembakken
1885 – potlood, gouache en waterverf op geel-beige papier – 23,6 x 30,8 cm
Musée du Louvre, Parijs – Afdeling Grafisch Werk, uit de collectie van het Musée d'Orsay.

Naast een vijver op Jas de Bouffan, in het achterste deel van het huis, was een serre gebouwd waar Cézanne in de winters die hij daar in de jaren 1880 doorbracht, zijn toevlucht zocht om rustig te werken. Daar situeert men enkele van zijn werken op doek en papier en daar zou hij ook deze aquarel hebben gemaakt.

Het gaat om een aantal bloempotten van verschillende maten die op een smalle plank staan. De planten lijken geraniums die nog moeten bloeien. Door de lengte van de stelen en het groen van het blad kunnen we aannemen dat ze aan het eind van de winter of het begin van de lente zijn geschilderd.

Het nog zwakke licht, dat misschien ook wordt gefilterd door het glas van de serre, belicht slechts de vijf bloempotten links op het paneel, een effect dat is bereikt door hele stukken niet te schilderen. De schaduwen zijn, zoals gebruikelijk bij de aquarellen van Cézanne, verkregen via een heel licht waterig blauw, dat naar rechts en op het onderste deel van de compositie intenser wordt, achter de stelen van de geraniums en, vooral, achter de grootste bloempotten.

De impressionistische invloed doet zich in dit werk gelden, in de eerste plaats thematisch, door het zeer concrete motief op een specifiek uur en met een zeer bepaald licht. Technisch gezien biedt deze aquarel ook een staalkaart van impressionistische technieken, zoals de blauwe schaduwen, de indruk van beweging en de lichtheid van de bloempotten, die in verschillende rijen staan om hun driedimensionaliteit te benadrukken. Uit de keuze van het thema valt ook de invloed van Eugène Delacroix te zien, want deze maakte halverwege de jaren 1840 enkele werken met florale motieven die niet alleen Cézanne maar ook Gustave Courbet en Edgar Degas beïnvloedden. Anders dan bij zijn tijdgenoten zijn de bloempotten van Cézanne echter veel prozaïscher en ontdaan van symbolische of allegorische inhoud. Ook de omgeving is van een grote soberheid.

Vijf baadsters
1885-1887 – olie op doek – 65 x 65 cm
Öffentliche Kunstsammlung, Basel.

Deze groep figuren is in piramidevorm geschikt, waarvan de top wordt gemarkeerd door de staande vrouw op de achtergrond en de basis wordt geschetst door een streep water die de drie onderste figuren verbindt, van de voeten van degene die zich links bevindt naar degene die rechts staat, via de middelste die zittend haar voeten baadt.

Ondanks de opmerkelijke piramideconstructie introduceerde Cézanne een veelheid van bewegingen bij alle figuren, waarbij hij de meeste dynamiek gaf aan de rechtse vrouw, die uit het driehoekige profiel steekt. Deze beweging was nadrukkelijk de bedoeling, zo blijkt uit de voorbereidende tekening, de enige schets uit het hele oeuvre van Cézanne die ons op ruitjespapier is overgeleverd.

De penseelstreken zijn nog steeds zijdelings en in neergaande bewegingen, van rechts naar links. De personages hebben contouren in een donkere tint. Deze manier van schilderen onderscheidt de schilder en schept al afstand met het werk van zijn meester Camille Pissarro, die nooit met lijnen werkte, maar de contouren in kleuren markeerde met kortere penseelstreken.

Het volume van de figuren is, hoewel wat groot in verhouding tot het doek, zeer goed onderling afgestemd. Dit is ook het schilderij waarop de baadsters de grootste eenheid vertonen. De natuur is naar het tweede plan verhuisd en bestaat alleen uit een boomstam links en wat takken aan de rechterbovenkant om de compositie in te kaderen.

Volgens M. L. Krumrine, die dit werk minutieus analyseerde, zou het een mengsel van christelijke en heidense elementen weergeven. Aan de ene kant zouden de baadsters deelnemen aan een ritueel om hun fysieke energie op een hoger plan te brengen. Aan de andere kant kunnen we ze in verband brengen met motieven als de Hof van Eden, de verleiding of de zuiverende doop. Er spreekt in ieder geval duidelijk de wil uit om de classicistische iconografie van de Salon te vernieuwen, zij het dat de traditionele concessies van die stijl volkomen worden geëlimineerd.

Stilleven. Bloemen in een vaas
1885-1888 – olie op doek – 46,5 x 55,5 cm
Privé-collectie

Dit stilleven doet denken aan *Blauwe vaas* uit 1889, maar er bestaan grote verschillen tussen de twee, een blijk van het brede expressieve register van Cézanne. Zoals Henri Matisse hierover opmerkte in een interview uit 1925: 'Bij Cézanne zijn er zoveel mogelijkheden dat hij meer dan wie ook zijn hersenen moest ordenen.'

Vergeleken met *Blauwe vaas* komt dit stilleven veel spontaner over, al is hier de invloed van de Japanse prentkunst merkbaar. Hoewel Cézanne nooit de invloed van de oosterse kunst op hem heeft toegegeven en het zeker is dat die niet zo diepgaand was als bij sommigen van zijn tijdgenoten, kende hij wel degelijk de technieken, die hij voor enkele composities overnam, hetzij voor florale stukken zoals hier, hetzij voor de weergave van Mont Sainte-Victoire.

Vanaf de wereldtentoonstelling in 1867 was het japonisme steeds meer in de mode gekomen, vooral de prenten van Katsushika Hokusai, die zo dicht bij Cézanne staande schilders als Camille Pissarro beïnvloedden. In dit geval zien we oosterse reminiscenties in de asymmetrie van de compositie en de tweedimensionale aard van het werk, een typisch kenmerk van de Japanse prenten. Ook in het boeket, dat meer lijkt op ikebana dan op een traditionele bloemencompositie, en zelfs in de vaas, die is gedecoreerd met motieven van Chinees porselein.

Uit de vaas komen diverse takjes met daartussen een grote tak met gele rozen die naar rechts wijst en een gevoel van onevenwichtigheid aan de vaas geeft, maar het schilderij juist in balans brengt.

Dezelfde beweging overlangs wordt weerspiegeld door de achtergrond. Het zijn twee blauwe muren met een getekende rode strook. Het is niet goed uit te maken welk vlak zich op de voorgrond en welk zich op de achtergrond bevindt.

De Mont Sainte-Victoire met grote pijnboom
(De grote pijnboom)
1886-1887 – olie op doek – 59,7 x 72,5 cm
The Phillips Collection, Washington D.C.

Voor een gekwelde persoonlijkheid als die van Cézanne was de contemplatie van het landschap van zijn geboortestreek de Provence, met de Mont Sainte-Victoire op de achtergrond, het meest rustgevende motief. Dat bekende hij in een brief van 11 mei aan zijn vriend Victor Chocquet: 'Het lot heeft me niet uitgerust met een dergelijk evenwicht, het is mijn enige smart aangaande de zaken op deze aarde. Wat de rest betreft, hoef ik me niet te beklagen. De lucht en de onbegrensde natuur blijven me aantrekken en bieden me de kans ze met genoegen te bekijken.'

In dit geval schilderde hij opnieuw de *Mont Sainte-Victoire vanaf Bellevue*, dezelfde boerderij waar hij in 1882 zijn ezel had gezet voor Mont Sainte-Victoire vanaf Bellevue. Vandaar dat de berg zich aan de linkerkant van de compositie bevindt.

Twee bomen lijken ons te scheiden van het dal: de eerste loopt met zijn stam langs de hele linkerkant en zijn takken richten de blik van de toeschouwer op de berg op de achtergrond. De boom rechts is bijna irreëel van ontwerp: uit een dunne stam groeien enkele machtige takken die in horizontale richting het profiel van de bergketen volgen en een groot deel van het bovenste deel in beslag nemen.

In dit doek blijkt de pictorale evolutie van Cézanne uit het grotere oppervlak dat hij onbeschilderd heeft gelaten. De witte grondverf mengt zich tussen de zacht gekleurde penseelstreken in blauwe, groene en okerkleurige tinten, die veel bleker zijn dan hij normaal gesproken gebruikte.

Het krachtige licht overspoelt het hele landschap en dat werd niet alleen gerealiseerd door enkele bleke kleuren en onbeschilderde oppervlakken, maar ook door de veel vrijere penseelvoering.

De vormen zijn geometrisch ontleed, vooral in het geval van de architectonische constructies. De spoorbrug ziet er nog steeds landelijk uit, als een aquaduct, dat de blik naar de Cengle-bergketen rechts op het schilderij leidt. Hij dient ook om de velden af te bakenen van de achtergrond en meer diepte aan de compositie te geven.

Vastenavond
1888 – olie op doek – 100 x 81 cm
Poesjkin-museum (voormalige collectie Schukin), Moskou

Paul Cézanne jr. vertelde dat hij, toen hij 16 was, had geposeerd voor dit doek, in het atelier dat zijn vader huurde in de Rue Val-de-Grâce in Parijs. De jongen in het wit is Louis Guillaume, een vriend van Paul, die al eerder had geposeerd voor de schilder.

Het was twintig jaar geleden dat Cézanne mensen naar de natuur schilderde, want de baders schilderde hij altijd uit zijn geheugen. Als gevolg van zijn timide en gereserveerde aard gebruikte hij liever geen professionele modellen en gedurende zijn leven heeft hij er dan ook maar sporadisch mee gewerkt.

Door de lange poseersessies, en doordat Cézanne zijn modellen niet de minste beweging toestond, viel Louis zelfs flauw tijdens het maken van dit doek.

Beide jongens zijn afgebeeld als personages uit de Commedia dell'Arte, die veel succes kende in Frankrijk tot het begin van de twintigste eeuw. Paul verbeeldt in zijn veelkleurige geruite pak Arlequino, het spitsvondige en schaamteloze personage, terwijl Louis het witte gewaad draagt van Pierrot, de trieste en melancholieke paljas, die liefdesverdriet heeft.

Cézanne wilde deze scène een spontaan karakter meegeven. Door ze lopend door een gang af te beelden, lijkt het alsof hij de twee vrienden heeft betrapt terwijl ze het huis verlaten voor Vastenavond. De arrogante houding van Paul, die de beschouwer afstandelijk aankijkt, contrasteert met de meer open uitdrukking van zijn vriend.

Sommige, wat fantasievolle historici hebben in Arlequino Cézanne zelf gezien, die het moeizame evenwicht van zijn staf probeert te bewaren, als een kunstenaar die tegen de stroom in werkt, en in Pierrot de sociale krachten die proberen hem op te schrokken en hem van de staf willen beroven die zijn creatieve talent symboliseert.

Harlekijn
1888-1890 –
olie op doek –
100 x 65 cm
National Gallery of Art,
Washington D.C.

In 1888 definieerde Joris-Karl Huysmans, een van de invloedrijkste critici uit die periode, Cézanne als 'een kunstenaar met een ziek netvlies, die in zijn getergde visuele waarneming de beginselen van een kunst heeft ontdekt'. Huysmans was zich bewust van de vernieuwende techniek van Cézannes schilderijen en begon positieve kritieken over zijn werk te schrijven.

Het thema van de Commedia dell'Arte was erg populair in Frankrijk. Onder anderen Jean-Antoine Watteau en Honoré Daumier hadden het ook al behandeld en aan het begin van de twintigste eeuw hield Pablo Picasso zich er nog mee bezig. Anders dan andere schilders wilde Cézanne de harlekijn echter niet opnemen in een narratieve scène. Deze harlekijn lijkt niet op te treden op een podium, maar te poseren voor een schilderij.

Cézanne gebruikte de harlekijn in nog vijf andere werken, maar deze versie heeft het grootste formaat. In deze is het personage ook het best geproportioneerd, met een meer gekunstelde houding, en het is de enige waarin de harlekijn de witte staf draagt.

Voor het schilderen van deze harlekijn liet Cézanne zijn zoon Paul poseren, van wie hij verschillende, zeer expressieve schetsen in zijn schrift heeft gemaakt. Die expressiviteit is echter verloren gegaan, want in dit doek is het gezicht op dezelfde manier behandeld als de rest van het lichaam: op antinaturalistische, niet expressieve wijze. Het lijkt meer of de harlekijn een carnavalsmasker draagt, dat nauwelijks te onderscheiden is van de halvemaanshoed, die in dezelfde blanke tint is geschilderd.

Keukentafel (Stilleven met mand)
1888-1890 – olie op doek – 65 x 80 cm
Musée d'Orsay, Parijs

Dit stilleven is een van de schilderijen die een complexer beeld weergeven. Bijna in het midden staat een gemberpot van keramiek en rotan die de schilder ook heeft gebruikt voor andere stillevens in olie en aquarel. Hij herhaalt ook het suiker-en-melkstelletje met gekleurde bies en bloemen. Naast deze voorwerpen zien we peren en appels.

Deze vruchten worden herhaald in de mand erachter. Het verhaal gaat dat Émile Zola op school een mand appels aan Cézanne gaf omdat deze hem met zijn vuisten had verdedigd tegen de spot van andere klasgenoten. De appels werden symbolisch teruggegeven via dit schilderij, dat Cézanne aan Paul Alexis schonk, de beste leerling van Zola. Vanwege deze gift uit 1891 of 1892 signeerde Cézanne het doek met blauwe verf rechts onderin, wat erg ongebruikelijk voor hem was. Hij signeerde alleen werken die hij weggaf.

Cézanne probeerde in dit schilderij, meer dan in andere stillevens, een groot aantal elementen met verschillend perspectief te verenigen. Rechts is het perspectief frontaal, hoewel het handvat van de mand met peren van links wordt gezien, om meer dynamiek aan de compositie te geven. De mand is bedekt met een witte doek om de kleur en de vorm van de peren beter uit te laten komen en een idee van overeenstemming te geven met het eveneens witte kleed op de tafel.

Als contrast is aan de linkerkant het perspectief zo verhoogd dat je het idee krijgt dat de tafel klein is en de voorwerpen opeengepakt zijn, alsof ze er niet op passen, zodanig dat de voorste appel de indruk geeft dat hij bijna op de rand ligt. Alleen de complexiteit van de lijnen op het doek voorkomt dat het fruit de indruk geeft elk moment op de grond te kunnen rollen.

Hoewel de schikking van de elementen van dit werk op het eerste gezicht willekeurig lijkt, is deze in de traditie van de oude Spaanse en Venetiaanse stillevens die Cézanne heel goed kende.

Vier baadsters
1888-90 – olie op doek – 72 x 92 cm
Ny Carlsberg Glyptotek, Kopenhagen

Het baad-thema was een constante in het repertoire van Cézanne. Toen Émile Zola in 1858 van Aix naar Parijs verhuisde, schreef Cézanne hem brieven met tekeningen die herinnerden aan hun baden in de rivier met andere leerlingen van de school. Later observeerde hij met genoegen het baden van soldaten in de rivier de Arc en aan het eind van de jaren 1860 had hij dit thema al in olieverf vastgelegd.

Hier bieden de vrouwen een nieuw fysiek aspect. Ze lijken ouder dan op de eerdere schilderijen en zijn sterk en robuust, alsof ze afkomstig zijn uit een of andere mythologie. Deze nieuwe weergave van de vrouw zou tot het eind van zijn carrière blijven opduiken in zijn portretten van baadsters. Deze nieuwe sterke en autonome vrouw zou enorme invloed hebben op de weergave van vrouwen door de avant-gardisten. Het centrale personage komt ook voor op *La joie de vivre* van Henri Matisse (1905) en *Les demoiselles d'Avignon* van Pablo Picasso (1907).

Het kleurgebruik lijkt echter een stap terug te hebben gezet. Het is scherper en benadrukt meer het contrast tussen de bleke lichamen van de vrouwen en de achtergrond, afgebakend door krachtige zwarte contourlijnen. Het clair-obscur doet denken aan het vroege werk van de schilder.

De piramidecompositie van de baadsters herinnert aan *Vijf baadsters* uit 1885. In dit geval richt het verdwijnpunt zich echter, na de baadsters op het eerste en de dichte bebossing op het tweede plan, naar een stukje blauwe lucht in de vorm van een omgekeerde driehoek.

De grote pijnboom
1889 – olie op doek – 85 x 92 cm – Museu de Arte, São Paolo

Cézanne was altijd bijzonder gefascineerd door bomen. Als jongen trok hij eropuit met Émile Zola, zoals hij hem schreef in 1858: 'Herinner je je de pijnboom nog, aan de oever van de Arc, die zijn behaarde kop voorover boog over de afgrond die zich aan zijn voeten uitstrekte? Deze pijnboom die onze lichamen beschermde tegen de brandende zon... hopelijk kunnen de goden hem beschermen tegen de funeste aanval van de bijl van de houthakker!'

Toen hij later elke dag meerdere uren als schilder in de openlucht werkte, werd hij opnieuw door de bomen beschermd, tot het punt dat hij ze bijna menselijke eigenschappen toedichtte. Joachim Gasquet, een van de beste vrienden van Cézanne in diens laatste jaren en eigenaar van dit olieverfdoek, wilde het niet verkopen omdat het hem zo sterk deed denken aan de vele wandelingen die ze samen in de omgeving van Aix-en-Provence hadden gemaakt. In zijn biografie over de schilder verklaart hij: 'Hij hield van bomen (...) Tot het einde toe, in de nood van zijn intense eenzaamheid, werd een olijfboom zijn vriend (...) de wijsheid van de boom raakte hem in het hart. "Het is als een levend wezen," zei hij me op een dag. "Ik houd ervan als van een oude vriend, (...) ik zou aan zijn voeten begraven willen worden".'

Cézanne had al bomen op de voorgrond afgebeeld in landschappen als *De zee bij L'Estaque* uit 1878 of de twee versies van *Le Mont Sainte-Victoire met grote pijnboom* uit 1886 en 1887, waarin de boom ook in de titel wordt genoemd. Het was echter in 1885 dat hij voor het eerst een boom het grootste deel van het oppervlak van een doek gunde, voor *Grote pijnboom en rode aarde.*

Feit is dat bomen een belangrijk thema vormden in de Franse schilderkunst vanaf Nicolas Poussin, via de romantici tot de realisten. Dat gold ook voor de impressionisten. Het is waarschijnlijk dat Cézanne – als groot bewonderaar en vriend van Claude Monet – de schilderijen met eenzame pijnbomen aan zee van Monet heeft gezien, die hij toonde op exposities in 1888 en 1889 in Parijs.

Anders dan de pijnbomen van Monet, die beminnelijk naar de zee buigen, beeldde Cézanne op *De grote pijnboom* een veel sterkere boom af, die de compositie volkomen dicteert, zodanig dat dit doek oorspronkelijk kleiner was en de bovenkant van de pijnboom was afgesneden.

Duiventil bij Bellevue
1899-1890 – olie op doek – 64 x 80 cm
The Cleveland Museum of Art, Cleveland

Bellevue was het landgoed van Maxime Conil – de man van Rose, de jongere zus van Cézanne – ten zuidwesten van Aix, waar de schilder gedurende de jaren 1880 naartoe kwam om schetsen te maken van de Mont Sainte-Victoire.

Nadat hij het uitzicht had behandeld, draaide Cézanne zijn ezel om en richtte hij zijn blik op de gebouwen van Bellevue. In 1889 huurde Pierre-Auguste Renoir daar een huis en samen trokken ze eropuit om te schilderen, totdat een plotse onenigheid tussen hen (Renoir zou een grap over bankiers hebben verteld die Cézanne niet beviel) de eerste dwong het huis onmiddellijk te verlaten.

Van alle gebouwen op het landgoed was de duiventil de favoriet van beiden. Renoir maakte er een centraal motief van op zijn *Duiventil op Bellevue* uit 1889 en Cézanne deed dat in drie van zijn landschappen.

Terwijl bij Renoir het grootste deel van het doek in beslag wordt genomen door het landschap, is de aparte architectuur van de duiventil bij Cézanne de ware protagonist, waarvan hij de geometrie tot het uiterste heeft doorgedreven, ingepakt tussen de bomen, maar benadrukt door het licht dat van links fel op de muren schijnt.

Ook het landschap is vereenvoudigd: de grond is opgebouwd uit brede groene en okerkleurige strepen, afgebakend door een fijne zwarte contour; de bomen zijn ronde vlekken, opgebouwd uit penseelstreken in alle richtingen en de hemel heeft weer de parallelle strepen die meer horen bij de Cézanne van een decennium eerder, zonder echter zo uitgesproken te zijn. De verf is minder dik dan gebruikelijk in het oeuvre van onze schilder, waardoor hij alle textuur verliest, zoals meer het geval is bij enkele schilderijen aan het eind van de jaren 1880. De tonale modulaties komen hierdoor wat zachter over.

Blauwe bloemenvaas
1889-1890 – olie op doek – 62 x 51 cm
Musée d'Orsay, Parijs

In tegenstelling tot dat van zijn impressionistische collega's komen er in het uitgebreide oeuvre van Cézanne maar twaalf composities met bloemen voor en daarvan is dit de bekendste. Deze bestaat uit een intrigerend stel elementen die rondom de verticale lijn van de glazen vaas zijn geschaard. Rechts op de voorgrond liggen drie appels perfect op een rij. Daarachter een flesje met een kurk. Achter de vaas staat een bord met een blauwe streep dat vaker voorkomt in stillevens van Cézanne. Links staat, bijna doormidden gedeeld, een fles rum met rieten voet, die ook vaker voorkomt in stillevens van deze schilder.

De basis waarop de voorwerpen staan, is onduidelijk. Het kan heel goed een schrijf- of keukentafel zijn. De vaas daarop neigt naar links. De fles aan die kant lijkt afgesneden, een compositie die een spontaan gevoel geeft, alsof hij is gekopieerd van een foto, waarvan het gebruik onder schilders zich begon te verspreiden.

De achtergrond is al even intrigerend: schuin ten opzichte van de tafel en met een opening aan de rechterkant, wat tegelijkertijd beweging en een gevoel van perspectief geeft en de blik van de beschouwer buiten het schilderij voert. Het licht is warm en homogeen en valt er frontaal op, waardoor er geen schaduwen zijn getekend die je achter de voorwerpen vermoedt. De bloemen zijn gemaakt met grove verfstreken, aangebracht met de spatel. De combinatie van de tinten van de bloemen doet een zorgvuldig samengesteld boeket vermoeden, in balans gebracht door de stelen aan de bovenkant en door het groene blad aan de rechterkant. De overheersende kleur van het doek is blauw, dat zowel de muur als de vaas kleurt en dat de volumes van de okerkleurige en oranjeachtige voorwerpen op tafel doet uitkomen.

1890-1894

Avenue d'Orléans in Parijs. In september 1891 verhuisde Cézanne hier naar een appartement op nummer 69.

Hortense Cézanne rond 1905.

1890

■ Cézanne exposeert *Het huis van de gehangene, Studie voor een landschap* en *Schets van baadsters* op de zevende jaarlijkse tentoonstelling van Les Vingt in het Paleis voor Schone Kunsten in Brussel.

■ Hij brengt de maand juli door in Émagny, in de Doubs, met Hortense en Paul jr. om een erfeniskwestie van Hortense te regelen. Ondanks het slechte weer schildert hij landschappen in de openlucht.

■ In augustus reist hij met vrouw en kind naar Zwitserland, waar hij vijf maanden zal doorbrengen en Neuchâtel, Bern, Fribourg, Vevey, Lausanne en Genève bezoekt.

■ Cézanne begint diabetes te ontwikkelen, wat zijn karakter nog meer verzuurt en nog minder sociaal maakt.

1891

■ In februari verlaagt Cézanne de financiële toelage aan Hortense die zich gedwongen ziet terug te keren naar Aix. Terwijl de schilder op Jas de Bouffan blijft, gaat zij met haar zoon in een appartement aan de Rue de la Monnaie nummer 9 wonen, omdat ze gebrouilleerd is met haar schoonfamilie die ook op het landgoed woont.

■ Op 23 mei verschijnt er een artikel in *Fénéon* waarin Cézanne wordt uitgeroepen tot de meester van de jonge schilders. Cézanne krijgt steeds meer erkenning in de pers.

■ Bij een poll in *L'Écho de Paris* komt Cézanne als een van de invloedrijkste schilders onder de jongeren uit de bus.

1892

■ In België ziet men Cézanne als een pionier. Georges Leconte publiceert in *L'Art moderne*, 'L'art contemporain. Le salon de Les Vingt', waarin hij diens 'merkbare invloed op de impressionistische evolutie' signaleert.

1893

■ Cézanne brengt het jaar afwisselend door in Aix-en-Provence en in Parijs, vanwaar hij gaat schilderen in het bos van Fontainebleau.

Omslag van de aflevering van Les hommes d'aujourd'hui *over Paul Cézanne, uit het archief van het Musée d'Orsay, Parijs. De jonge schilder Émile Bernard publiceerde in mei 1891 in deze serie een monografie over zijn meester Paul Cézanne. Deze ontving het tijdschrift via Aleix, die het kreeg toegestuurd van Paul Signac.*

Een herberg in het bos van Fontainebleau die door veel kunstenaars, waaronder ook Cézanne, werd bezocht als ze hier naartoe trokken om, zoals het impressionisme van hen eiste, in de openlucht te schilderen.

De schilder Claude Monet met wie Cézanne schilderend de herfst doorbracht in Giverny.

— In december publiceert criticus Gustave Geffroy een artikel over het impressionisme met op de eerste pagina een reproductie van Pissarro's ets *Portret van Cézanne* met als onderschrift: 'Portret van de schilder Cézanne, pionier van het impressionisme'. In het artikel wordt echter niet gerept over het werk van deze laatste. 'Om helemaal compleet te zijn,' stelt hij, 'zouden we aan deze zes studies informatie over Cézanne moeten toevoegen, aangezien deze een soort voorloper van een ander soort kunst was.'

1894

— Op 6 februari overlijdt Père Tanguy. De schilderijen van Cézanne in zijn winkel worden geveild en gaan weg voor een lage prijs, tussen de 95 en 215 francs.

— Ambroise Vollard begint een galerie en koopt een groot deel van Cézannes werk, waardoor hij zijn agent wordt.

— Op 21 februari overlijdt de schilder Gustave Caillebotte en de Franse staat wijst, in wat 'De zaak Caillebotte' zal gaan heten, zijn erfenis af, waaronder zich verschillende doeken van Cézanne bevinden. Na bemiddeling van Pierre-Auguste Renoir accepteert de staat uiteindelijk twee werken: *Erf in Auvers* en *L'Estaque*, maar ze verwerpt een werk met baadsters, een boeket bloemen en een met vissers.

— Gustave Geffroy publiceert 'Paul Cézanne', een lovend artikel over de schilder.

— Cézanne brengt de herfst door in Giverny, samen met Claude Monet, die hem altijd zo heeft geholpen, zowel op artistiek als menselijk vlak. In het hotel waarin hij verblijft, leert hij de schilderessen Mary Cassat en Matilda Lewis kennen. In het huis van Monet leert hij op een receptie, die deze ter ere van hem op 28 november organiseert, schilder en kunstcriticus Gustave Geffroy kennen die enkele maanden eerder verschillende lovende artikelen over hem heeft geschreven en met wie hij een lange vriendschap sluit. Ook aanwezig zijn onder anderen Georges Benjamin Clemenceau, Octave Mirbeau en Auguste Rodin. Even later verlaat Cézanne Giverny zonder Monet iets te zeggen, die zich inspant om de schilderijen op te sturen die Cézanne, half voltooid, heeft achtergelaten in het hotel.

Aankondiging voor La Libre Esthétique (1894).

Baadsters
1890 – olie op doek – 60 x 81 cm
Musée d'Orsay, Parijs

Een van de gemeenschappelijke kenmerken van de baders van Cézanne is dat mannen en vrouwen nooit samen verschijnen. Dit is zijn laatste mannelijke naakt. De latere portretten van baders zijn uitsluitend van vrouwen.

Hij gebruikte nooit mannelijke of vrouwelijke modellen om de lichamen van de baders te kopiëren, maar werkte uit zijn geheugen en nam zijn toevlucht tot de anatomische kennis die hij had opgedaan op de Académie Suisse en de studies van beeldhouwwerken die hij in Parijs had verricht. Daar ging hij elke middag met een schrift onder de arm naar het Louvre of naar de Sculpture Comparée van het Trocadero. Het voordeel van werken met beelden was niet alleen financieel; de door Cézanne gekopieerde beelden bezaten niet de emotionele lading van een levend wezen, die hem alleen maar stoorde in zijn streven naar objectiviteit. Zo is het staande personage op de voorgrond geïdentificeerd als *De Romeinse redenaar* van Cleomenes uit het Louvre.

Naast studies van antieke beelden staan de schriften van Cézanne uit deze periode vol schetsen van andere schilderijen, zoals *De slag bij Cascina* van Michelangelo, waarop enkele soldaten worden verrast terwijl ze baden, en andere van Signorelli. Hij zag ook de *Twee baders* van Jean-Frédéric Bazille.

In dit werk is de schikking gelijk aan die van de baders die hij tien jaar eerder schilderde. Twee staande figuren, op de rug gezien, drie anderen die zitten en één op de achtergrond. In deze compositie wordt er nog een figuur van op de rug getoond, een andere bevindt zich in de rivier en er is er ook nog een op de achtergrond, als om de gaten te vullen. De figuren creëren aldus drie vlakken, alsof ze onderdeel zijn van beeldhouwkundig basreliëf.

De figuren zorgen voor veel beweging: één rechts op de achtergrond beweegt de armen alsof hij zwemt; een ander van op de rug gezien, rent naar het midden; de twee staande figuren op de voorgrond vertonen enkele kleine arm- en beenbewegingen en degene die links zit, lijkt iets te pakken. Voor het eerst zijn de mannelijke baders van Cézanne onderling actief, waardoor een groot gevoel van vitaliteit ontstaat.

De Mont Sainte-Victoire
1890 – olie op doek – 62 x 92 cm
Musée d'Orsay, Parijs

Op dit doek is de Mont Sainte-Victoire vanuit een ander perspectief te zien dan op de meeste werken van deze serie. De muur op de voorgrond suggereert dat de schilder wellicht het landschap bekeek vanaf een terras en dat hij zich waarschijnlijk bij het huis van zijn zwager Maxime Conil bevond, de man van Rose, de jongere zus van Cézanne. Hij kwam hier vaak om zowel het uitzicht naar het dal als het exterieur van de boerderij te schilderen.

Het perspectief vanaf dit terras is hoger. Daardoor wordt de blik van de beschouwer direct op de berg gevestigd, die zich op een meer frontale hoogte bevindt, en daarna pas op het dal. Daar zien we nu niet de weg die de compositie diagonaal doorkruist in eerdere schilderijen, zoals *Mont Sainte-Victoire vanaf Bellevue* uit 1882 of de twee versies van *Mont Sainte-Victoire met grote pijnboom* uit 1886 en 1887.

De oriëntatie ten opzichte van eerdere schilderijen is meer naar links, waardoor de spoorbrug kleiner is en zich meer naar rechts bevindt. Hij heeft ook het aantal huizen verminderd, die op dit doek sowieso vager zijn tussen de kleuren van het dal dan op eerdere versies. De schilder ontleedde ze niet alleen tot verschillende geometrische vlakken, maar reduceert ze ook tot simpele, gekleurde penseelstreken waardoor ze, zoals de huizen op de bovenste helft, versmelten tussen de elementen van de glooiingen van de berg.

Deze onbestemde strepen zijn echter niet alleen op de achtergrond aangebracht, maar ook de rand van het terras en de bomen op de voorgrond lijken een bijna compacte massa, waardoor de dieptewerking wordt versterkt en de beschouwer wordt gescheiden van het aanzicht, bijna alsof deze het landschap aanschouwt vanaf hetzelfde terras dat de schilder gebruikte om dit werk te maken. Deze van oorsprong Japanse techniek was algemeen bekend onder de impressionistische schilders van de prenten en houtsneden die de meesten van hen verzamelden. In de serie over de Mont Sainte-Victoire zijn technische overeenkomsten te zien met de collectie *Honderd perspectieven van de Fuji* van Hokusaki. Bovendien leerde Cézanne een aantal van deze technieken van Camille Pissarro tijdens de keren dat ze samen buiten schilderden in Pontoise.

Liggende jongen
1890 – olie op doek – 54 x 65,5 cm
Armand Hammer Museum of Art and Cultural Center, Los Angeles

De afbeelding van de menselijke figuur in de natuur was een zeer geliefd thema bij de impressionisten en vooral ook bij Cézanne, die het gedurende meerdere jaren uitwerkte via zijn serie baders van beide seksen. Cézanne schilderde ze echter wel uit zijn geheugen, in zijn atelier, vanwege zijn aversie tegen het werken met professionele modellen en vooral naakten.

In dit geval schilderde hij het personage waarschijnlijk wel naar de natuur, aangezien de afgebeelde figuur is geïdentificeerd als zijn zoon Paul, die destijds 18 jaar was en al diverse keren voor olieverfschilderijen en tekeningen had geposeerd.

Paul jr. was destijds al iemand die zo zijn eigen voorkeuren had en hij woonde liever in Parijs, om zich daar te laten zien op exclusieve feestjes, net als zijn moeder. In de herfst van 1890 bleven beiden in de hoofdstad, terwijl de schilder terugkeerde naar Jas de Bouffan, om bij zijn moeder en zus te wonen. Niettemin zou Paul jr. vanaf nu een grote hulp zijn door in Parijs als intermediair op te treden tussen kopers en zijn vader.

Ondanks dat begreep Paul jr. nooit het belang van het werk van zijn vader. Hij benaderde het in feite als elke willekeurige handelswaar, want hij bezat dezelfde handelsgeest als zijn grootvader aan vaderskant, Louis-Auguste. Nadat hij met zijn vader een marge van 10 procent had afgesproken op de schilderijen die hij verkocht, rekende hij achter diens rug om nog eens 10 procent extra aan de kopers. De schilder, die zich altijd verre had gehouden van elke financiële ambitie, kwam achter dit bedrog maar bleef zijn zoon, die hij altijd hogelijk had gewaardeerd, toch vertrouwen.

De verf op dit doek is zowel aangebracht met de spatel als in multidirectionele penseelstreken, afhankelijk van het te bedekken oppervlak. De rechterbovenkant is wit en nauwelijks geschetst, wat erop wijst dat dat het laatste aan de beurt was. Zoals in de landschappen van Cézanne, zijn de kleuren oker voor de grond, groen voor de vegetatie en blauw voor de achtergrond, waarop de bomen zich versmelten met de lucht.

Kaartspelers
1890-1892 – olie op doek
The Barnes Foundation, Merion, Philadelphia

Voor dit werk poseerden vier arbeiders en een meisje uit Aix-en-Provence, Léontine Paulin, die verklaarde drie francs gekregen te hebben, terwijl haar vader Alexandre (tuinman van Jas de Bouffan) er vijf had ontvangen. Cézanne werkte nooit met alle modellen tegelijk, maar gebruikte ze een voor een, waarbij hij talloze schetsen in potlood en waterverf maakte.

Behalve de versierselen op de achtergrond plaatste Cézanne ook enkele accessoires op tafel voor het kaartspel, die hij waarschijnlijk had gekopieerd van andere schilderijen in hetzelfde genre, zoals die van Mathieu Le Nain. De andere vier olieverfschilderijen van de serie zijn vermoedelijk van later datum en bevatten minder stillevenelementen dan dit. Daar ontbreekt ook het meisje.

De serie kaartspelers werd door Cézanne minutieus voorbereid met meerdere schetsen. In vergelijking met de latere doeken is te zien dat door de overgang van aquarel naar olie Cézannes personages een meer ontspannen houding en vereenvoudigde vormen hebben gekregen.

De waardering die de schilder voor deze personages van Jas de Bouffan had, waarvan hij de meesten al twintig jaar kende, is duidelijk voelbaar. Er spreekt een diep respect voor hen uit. Hij gaf hen bovendien een eenvoudige maar sympathieke en soms goedmoedige expressie mee. Het zijn geen geslepen kaartspelers, maar arbeiders die een potje spelen, waarbij niet duidelijk is wie wint of verliest. Het ruime gebruik van wit draagt bij aan het creëren van de aangename sfeer, niet alleen op de achtergrond maar ook in de tafel op de voorgrond en, vooral, in de schaduw van de kleding van de personages.

Twee kaartspelers
1890-1892 – olie op doek – 58 x 69 cm
Courtauld Institute Galleries, Londen

In de herfst van 1890 keerde Cézanne terug naar Jas de Bouffan, na een verblijf van vijf maanden in Zwitserland, zijn enige buitenlandse reis ooit. De erfenis van zijn vader die hij drie jaar eerder had gekregen stelde hem in staat zijn levensstijl te verbeteren, maar de schilder leek zich juist steeds meer in zichzelf terug te trekken. In dat licht is het niet vreemd dat de thema's van zijn werk zich ook steeds meer toespitsten op de landschappen en de personages van zijn geboortestreek de Provence.

Een van de meest typische scènes in de cafés van Aix-en-Provence was een groep boeren rond een tafel die *belotte* speelden, schreeuwend en gebarend bij bijna elke kaart. Cézanne wilde zo'n scène, die dagelijks was te zien, echter niet op naturalistische wijze weergeven, zoals Toulouse-Lautrec zou doen in de Moulin Rouge, of Pierre-Auguste Renoir in de Moulin de la Galette in Parijs. De schilder verleende het spel een veel rustigere en bedaardere, bijna afwezige sfeer en richtte zich uitsluitend op de twee hoofdrolspelers.

In de serie *Kaartspelers* zijn drie olieverfschilderijen waarin telkens dezelfde twee figuren in profiel te zien zijn, gezeten aan een tafeltje, tegen een donkere, bijna niet te onderscheiden achtergrond. Van die drie schilderijen schilderde hij deze als tweede, na een doek dat zich in privé-bezit bevindt, maar vóór de *Kaartspelers* van Het Musée d'Orsay uit 1893. In deze serie, waarmee hij in 1890 begon en die hij in 1896 beëindigde, is een constante evolutie zichtbaar. Elk doek is weer kleiner van formaat dan het voorgaande en bovendien minder gedetailleerd geschilderd.

In dit werk zijn het duidelijkst de kaarten van de linkse speler zichtbaar. Enkele historici hebben in hem Émile Zola gezien (die ook pijprokend voorkomt op *Ontbijt in de openlucht* uit 1870), onaangedaan door het spel, terwijl Cézanne zichzelf zou hebben afgebeeld als de rechtse speler, eenvoudiger gekleed, meer geconcentreerd op zijn kaarten, die zijn eigen esthetische weg symboliseren, de zoektocht naar een nieuwe schilderkunst die erkenning begon te krijgen bij andere critici, maar die Zola nooit heeft begrepen.

Vier mannen
1890-1894 – olie op doek – 22 x 33 cm
Musée d'Orsay, Parijs

Het baad-thema heeft Cézanne altijd aangetrokken. Al in de kantlijnen van de brieven die hij aan Émile Zola stuurde aan het eind van de jaren 1850 tekende hij baders, ter herinnering aan de uitstapjes die de twee vrienden hadden gemaakt. Het was een van de beste herinneringen aan wat de schilder altijd beschouwde als de gelukkigste periode van zijn leven.

Zijn hele carrière bleef hij nu en dan schilderijen van baders maken, tot het, aan het eind van zijn leven, een obsessief thema werd en hij, tussen 1888 en 1906, een twintigtal doeken en talloze studies maakte.

Vanaf *De strijd van Amor* uit 1880 zou de schilder nooit meer mannen en vrouwen samen schilderen, misschien om de gewelddadige scènes te vermijden die het kenmerk zijn van zijn werk met fantastische thematiek. Dus beeldde hij de baders gescheiden af, hetzij vrouwelijk, hetzij mannelijk, waarbij hij zich naar gelang de periode meer richtte op de ene dan op de andere.

In elk van de schilderijen zocht hij naar nieuwe technische middelen. In sommige daarvan was de tekening heel zorgvuldig, maar hier beperkte hij zich juist tot het aanbrengen van kleurvlekken, die hij later door middel van enkele contourlijnen verenigde om vorm en volume aan de figuren te geven.

Met korte en verticale penseelstreken wist de schilder bomen, lucht en baders vorm te geven en ze meer deel te laten zijn van de omgeving.

Ondanks dat het thema niet impressionistisch is, maar meer wortelt in een klassiekere traditie, zijn de kleur blauw voor de weergave van de verschillende gekleurde schaduwen en de verdeling van het licht wel typisch voor het impressionisme. Cézanne gebruikte echter ook weer de contouren die het begin van zijn carrière kenmerken. Die contouren werden weer overgenomen door symbolistische schilders als Paul Gauguin, in een streven het gepresenteerde element te isoleren van de omringende realiteit en het werk zo een hogere betekenis te verlenen.

Bord met fruit en terracotta vaas
1890-1894 – olie op doek – 46 x 55 cm
Courtauld Institute Galleries, Londen

Dit *Bord met fruit en aardewerken kan* is een stilleven waarin bloemen zijn gemengd met fruit. Over het algemeen werden beide elementen door Cézanne behandeld met verschillende technieken. Net als hier zijn de bloemen bij hem doorgaans moeilijk te identificeren, aangezien ze snel geschilderd moesten worden voor ze zouden verwelken, waardoor hij ze opbouwde uit enkele losse en onbestemde vlekken. De vruchten bezitten een eigen stijl, die alleen Cézanne ze wist te geven, met een gedetailleerde behandeling van hun volume en kleur die de blik van de beschouwer aantrekt.

In de appel links is het duidelijkst het gebruik van contouren te zien die de schilder altijd gebruikte voor fruit. Het is geen contourlijn die in de realiteit bestaat, maar een geometrische contour. In werkelijkheid bestaat hij uit verschillende parallelle streepjes blauw, die het fruit meer volume geven. Rond het silhouet van de takken bracht de schilder een helderblauwe contour aan om ze af te bakenen tegen de achtergrond. In de spanning die de schilder zo vasthield tussen schijn en werkelijkheid wordt het silhouet van de plant herhaald in enkele meer donkere lijnen op de achtergrond. Die wordt rechts in beslag genomen door de achterkant van een schilderij. De kleurstelling van de okerkleurige lijnen van het frame komen overeen met die van de vruchten op de voorgrond, wat voor een groot evenwicht zorgt.

Links op de achtergrond zien we een duidelijke lijn die lijkt op het latwerk van een ander frame, maar in de lucht blijft hangen achter de linkertak van de plant. De schilder weet zo dynamiek te geven aan de ogenschijnlijke balans. Ondanks dit alles bestaan dit soort composities uit zeer eenvoudige elementen.

Bord met fruit en mok op kleed
1890-1894 – olie op doek – 32,5 x 41 cm
Museum of Fine Arts, Boston

In de herfst van 1890 keerde Cézanne terug naar Jas de Bouffan, na de zomer te hebben doorgebracht in Zwitserland en een groot deel van de afgelopen twee jaar buiten zijn Provence. Daar nam hij zijn meest klassieke thema's weer op, de landschappen in de openlucht en de stillevens.

Dit werk hoort bij een serie stillevens waarop steeds dezelfde voorwerpen voorkomen: de waterkruik, het fruit en het blauwe kleed. Het enige wat de schilderijen van elkaar onderscheidt, is de verschillende schikking van deze objecten. Het gaat bovendien om elementen die ook op andere schilderijen voorkomen. Zo is het doek op de tafel een gordijn dat in het atelier in Aix-en-Provence hing en dat Cézanne voor verschillende composities aan het eind van de jaren 1880 en in de jaren 1890 gebruikte. Het duikt ook op in composities als *Gordijn, waterkruik en fruitschaal* uit 1893, waarop trouwens ook de andere voorwerpen op dit doek voorkomen, want het betreft hier een reeks van zes doeken waarin dezelfde elementen van schikking veranderen en op die manier spelen met verschillende perspectieven.

In deze compositie koos Cézanne voor een diagonaal perspectief, in de richting van de print op de doek die fungeert als tafelkleed. De rechte hoeken van het patroon wijzen naar rechtsachter, waar zich de kruik bevindt, waarachter enkele onbestemde lijnen het perspectief onderstrepen.

Zoals vaker bij Cézanne liggen er enkele vruchten op het bord en ligt een andere ernaast, om de schijn van het statische te doorbreken. Elke vrucht is vanuit een ander perspectief en in een verschillende kleur geschilderd, waardoor ze een individueel karakter hebben. Zo steken de levendig gele, oranje en rode vruchten, met hier en daar een toets groen, af tegen het door neutrale blauwe tonen beheerste doek. De levendige kleuren van het fruit contrasteren met het overheersende blauw van het kleed en de achtergrond en zorgen ervoor dat de kruik van dezelfde kleur meer eenheid krijgt.

Pot in wilgenteen, suikerpot en appels
1890-1894 – olie op doek – 36 x 46 cm
Musée National de l'Orangerie, Parijs

Hier toont Cézanne duidelijk zijn technische middelen voor het krijgen van een evenwichtige compositie, hoewel het op het eerste gezicht een onvoltooid, niet uitgebalanceerd doek lijkt. We zien de verschillende perspectieven van elk object, waarbij de gember- en de suikerpot frontaal worden gezien en tafel en bord naar de beschouwer zijn gekanteld, zodat het lijkt alsof de appels elk moment van tafel kunnen rollen. Die helling wordt echter gecompenseerd door twee andere lijnen, één van rechts naar midden boven en een andere van achter de voorwerpen naar de bovenkant. Het is niet duidelijk waar die lijnen voor staan, maar ze wekken de indruk te worden veroorzaakt door een openstaand raam.

Opnieuw verschijnen de gember- en suikerpot, die ook samen werden gebruikt voor andere doeken. Het zijn twee voorwerpen die nu nog steeds zijn te zien in het laatste atelier van Cézanne aan de Chemin des Lauves. Hij gebruikte voortdurend dezelfde elementen, zij het in verschillende posities, omdat hij ervan hield steeds weer de combinatie van texturen te bestuderen die ontstond door elementen samen te brengen of te scheiden.

Het zeer intense licht verkreeg hij door de voorwerpen helder te maken en soms zelfs voor een deel niet te schilderen, zoals gewoon was in deze laatste periode van Cézanne.

In maart 1894 vond er een veiling plaats van de collectie Théodore Duret, in de galerie Georges Petit, waar ook Julie Manet aanwezig was (dochter van de impressionistische schilderes Berthe Morisot en Eugène Manet, broer van de schilder Édouard) en waar drie doeken van Cézanne werden getoond: *Vruchten*, *Straat in een dorp* en *De oogst*. Julie schreef naar aanleiding van haar bezoek aan de veiling: 'Een schilder die me bevalt door wat je van hemzelf terugvindt in deze doeken is Cézanne. Het zijn vooral een paar zeer grondig geschilderde appels die ik prachtig vond (ik ken alleen deze drie werken van hem).'

De schilder van appels

Het stilleven is het eerste genre waarmee Cézanne de aandacht trok van publiek
en kritiek en dat door hen werd begrepen en op waarde werd ingeschat, maar
het was ook het eerste waarin hij zijn felle schilderkunst temperde, zijn
'temperrament', zoals Cézanne het zelf uitsprak.

Tot die tijd zag de academische schilderkunst dit genre als minderwaardig ten opzichte van schilderijen van mythologische of historische aard. Leerlingen hielden zich ermee bezig om zich te bekwamen in het gebruik van penselen en het clair-obscur, maar Cézanne zou zich met hart en ziel op stillevens storten, zag het als een volwaardig thema en maakte er meer dan louter oefenmateriaal voor in het atelier van. Zijn woorden werden ons overgeleverd door Joachim Gasquet: 'Wat ik voel dat ik nooit zal kunnen bereiken met figuren, met portretten, heb ik hier misschien kunnen benaderen (…) in deze stillevens.(…) Er zitten bovendien maanden werk in. Van huilen en lachen (…) Men denkt dat een suikerpot geen uitdrukking heeft, geen ziel. Maar die verandert ook elke dag (…) Die glazen, die borden, die praten met elkaar (…) ze wisselen onophoudelijk vertrouwelijkheden uit.'

In Cézannes keuze voor dit genre en zijn uiterste inspanning om juist hierin zijn eigen beeldtaal te formuleren, herken je ook zijn karakter. Met zijn nerveuze temperament was hij vatbaar voor woedeaanvallen wanneer wind of regen een net geschilderd doek veranderden, dan sneed hij met zijn spatel het linnen aan repen. Daarom bleef de schilder bij slecht weer in zijn atelier om stillevens te maken.

Het is mogelijk dat de keuze voor dit thema ook werd ingegeven door het feit dat Cézanne een extreem trage schilder was. Hij had honderd tot honderdvijftig poseersessies nodig en de voorwerpen van zijn stillevens waren de onderdanigste modellen, die zich nooit beklaagden, zich niet bewogen en hun uiterlijk maar weinig veranderden.

Bovendien was de schilder extreem verlegen en kostte het hem moeite onbekende personen te schilderen. Het feit dat hij tot het eind van de jaren 1870 armlastig was, was al evenzeer een obstakel voor het inhuren van professionele modellen, zodat hij zich maar richtte op de voorwerpen in zijn omgeving.

In die zin vond hij het ook niet erg om heel zijn leven het schilderen van dezelfde objecten te herhalen. Hij begon aan het begin van de jaren 1860 met het kopiëren van schedels, de suikerpot met het kannetje van majolica, de gemberpot, en al die andere voorwerpen die we tot aan het einde van zijn leven in 1906 tegenko-

*Dezelfde voorwerpen zijn soms in series
van zes of zeven verschillende doeken te zien,
waarop alleen hun schikking varieert.*

Tafel met accessoires voor stillevens. Zowel de tafel met de gegolfde rand als de accessoires zijn op talloze doeken van Cézanne te zien. Momenteel horen ze tot de collectie van het atelier-museum in Les Lauves.

*Het stilleven was het best verkopende genre van
de negentiende eeuw, omdat het begrijpelijk was
voor het publiek en formaat en prijs doorgaans
redelijk waren. Achter Cézannes werk zat echter
nooit enige commerciële drijfveer.*

Hoekje van het atelier in Les Lauves op een foto van rond 1930. Op de plank staan de voorwerpen die Cézanne gebruikte voor zijn stillevens. De gemberpot, de rumfles… daaronder de kapstok met de voorwerpen waarmee hij in de openlucht schilderde.

Paul Cézanne, Kersen en perziken, 1883-1887, olie op doek, 50 x 61 cm, County Museum of Art, Los Angeles. Elke vrucht heeft bij Cézanne een eigen vorm, met zijn eigen licht en perspectief, waardoor ze allemaal een eigen karakter hebben.

men. Genoemde voorwerpen bevonden zich in het huis van de familie op Jas de Bouffan en nadat dat in 1899 werd verkocht nam Cézanne ze mee naar zijn atelier aan de Chemin des Lauves. Daar zijn ze nog steeds te zien, waardoor we de echte voorwerpen kunnen vergelijken met de modificaties waarmee de schilder ze weergaf. Deze modificaties namen uiteindelijk de vorm van een obsessie aan.

De getuigenissen over de moeizame voortgang van deze schilderijen zijn talrijk. Cézanne bracht uren door met het wegzetten van de voorwerpen. Hij zocht naar compositorisch evenwicht, de afwisseling van vormen, texturen en kleuren en de optimale hoek van de voorwerpen om verschillende perspectieven in één schilderij te kunnen weergeven. Soms kantelde hij ze met munten of kleine houten wigjes. Hij zette ook wel stoffen in het gips om enkele dagen achtereen dezelfde vouw in een stof te kunnen schilderen.

Deze voorwerpen bevinden zich eerder in wat we een 'nieuwe realiteit' kunnen noemen, want Cézanne wordt niet voor niets gezien als de vader van de voorwerploze, abstracte schilderkunst, al is hij juist degene die ze met de meeste precisie heeft vastgelegd. Men spreekt ook wel van de 'ontmenselijking' van deze alledaagse gebruiksvoorwerpen, die hij anders toonde dan je ze gewoonlijk in de eigen keuken aantreft.

Tot die tijd had ook nog niemand het gezichtspunt gevarieerd, door de hoogte te wisselen en rekening te houden met de beweging van de blik. Dit effect zou het kubisme later verder ontwikkelen en overbrengen naar de film in de vorm van effecten als verhoogd en verlaagd perspectief. Het perspectief van de voorwerpen wisselt en de verschillende niveaus gaan relaties aan waardoor de objecten op de achtergrond naar de beschouwer lijken te neigen.

Een andere typische beweging in de meeste werken van deze schilder is de helling van rechts naar links, terwijl andere lijnen het doek van boven naar beneden doorsnijden, waardoor vaste assen ontstaan die zorgen voor een afwisseling tussen stilstand en beweging.

In zijn stillevens rusten de voorwerpen – stevig en met een massief uiterlijk, als je ze geïsoleerd bekijkt – op een plank die niet lijkt te steunen op de grond, maar in de lucht lijkt te zweven.

Op een enkel vroeg, sneller gemaakt werk na, weigerde hij vlees of vis te schilderen, die immers snel

Over het algemeen hield hij vooral van vruchten en groenten die enkele dagen onveranderd bleven, zoals sinaasappels, uien en vooral appels die zich, volgens hem, leken 'te verontschuldigen voor het verlies van hun kleur'.

bederven. Slechts een enkele keer deed hij iets met bloemen, want die verwelkten volgens hem te snel, en soms werkte hij dan ook met zijden exemplaren. In een enkel geval schilderde hij zelfs kunstfruit.

Men heeft de voorkeur van Cézanne voor appels, die tot die tijd nooit het hoofdmotief in stillevens hadden gevormd, op verschillende manieren geïnterpreteerd. Als eerste reden zou men de eenvoud van de vrucht kunnen aanvoeren. Anders dan op de overvloedige, vroegere stillevens tot aan Manet, zijn dit geen aantrekkelijke appels, maar nederige. Volgens Rainer Maria Rilke waren het appels om mee te koken, geen handappels.

Een tweede reden zou de nieuwe hoofdrol kunnen zijn die Cézanne deze vrucht toedichtte. 'Ik wil Parijs verbazen met een appel,' verklaarde hij in 1895 tegen criticus Geffroy, in een parafrase op een uitspraak van het personage Lantier in Zola's roman *L'Oeuvre* uit 1896: 'Met een goed geschilderde wortel zou men een revolutie kunnen ontketenen.'

Ten derde verschijnt de appel in veel van zijn jeugdwerken als traditioneel symbool voor de verleiding, de liefde en zelfs de weergave van de vrouwelijke rondingen. Hij verklaarde ooit tegen Pierre-Auguste Renoir: 'Ik schilder stillevens. Vrouwelijke modellen schrikken me af; de hele tijd loeren ze op een verrassingsaanval.'

In 1968 publiceerde Meyer Shapiro, een van de kunsthistorici die het werk van de schilder het grondigst heeft geanalyseerd, een artikel getiteld *De appels van*

Paul Cézanne, Mand met appels,
1890-1894, olie op doek.

maar de kleden, de servetten zijn flexibel, in witte schakeringen, de vruchten zijn fraai en onbevangen (…) Wat het thema ook is dat hij aanpakt, er is een ware oprechtheid in Cézanne, het kenmerk, soms aangenaam, soms pijnlijk, van een wil die wordt bevredigd of faalt. Er is vaak ook sprake van een antieke grandeur.'

Voor zijn eerste individuele expositie in 1895 wijdde Thadée Natanson op 1 december 1895 een lang artikel aan hem in *La Revue Blanche*, waarin hij zijn oeuvre analyseert en hem reeds erkent als voorloper van de Art Nouveau. Hij benadrukt vooral zijn vernieuwing van het stilleven: 'Paul Cézanne verdient niet alleen deze titel van voorloper. Hij verdient nog een andere. Hij neemt in de Franse school al de plaats in van nieuwe meester van het stilleven. Voor de liefde waarmee hij ze heeft geschilderd en er al zijn gaven in heeft laten samenvallen, is en zal hij de schilder van appels blijven. Hij is de schilder van appels, van egale, ronde, verse, zware, glanzende appels, wier kleur varieert, niet van appels die je zou willen eten en die waarvan gulzigaards de bedrieglijke verschijning in hun geheugen hebben, maar vormen die meeslepen. (…) Men zou appels voortaan met hem moeten associëren. In naam van zijn meesterlijke beheersing behoren ze vanaf nu aan hem toe. Ze zijn van hem, zoals het object van zijn schepper is. Feitelijk zijn de appels een icoon geworden, dat ervoor zorgt dat we een stilleven met die vruchten onmiddellijk herkennen als van Cézanne.'

Virginia Woolf zag, nadat ze in 1907 zijn stillevens had gezien, in bepaalde elementen een parallel met haar eigen werk. In de zin dat de schrijfster zich kenmerkte door een ijzeren discipline in de eigen taal, en in staat was een fascinerend evenwicht te vinden tussen intellectuele helderheid, affectieve intensiteit en stilistische strengheid. 'Wat kunnen zes appels wel niet zijn? (Hun verf) roept woorden op waarvan we niet wisten dat ze bestonden, suggereert vormen waar we eerst niets zagen dan leegte.'

Maar hoewel er in de gespecialiseerde pers aan het eind van de negentiende eeuw lovende artikelen en studies verschenen die de kunst van Cézanne op waarde inschatten, bleef er in de gewone pers een zeker onbegrip heersen en vind je veelvuldig zinsneden als die van André Mellerio in de catalogus van *L'Exposition de 1900 et l'Impressionisme*: 'Cézanne, werk met origineel karakter, maar ongelijkmatig gerealiseerd. Volbloed schilder, van een pure en zeer solide kunst. Landschappen en tevens karakteristieke stillevens en vooral appels.'

Met zijn eerste individuele expositie in 1895 begon Cézanne bekend te worden als 'de schilder van de appels', iets wat hij een eer vond.

Cézanne. Essay over de betekenis van het stilleven, waarin hij een analyse onderneemt vanuit psychoanalytische invalshoek, volgens welke de appels de eerste erotische objecten uit de kindertijd van Cézanne zouden zijn.

Shapiro ziet de appels als 'onbewust symbool van een onderdrukt verlangen (…) Appels schilderen kan ook een opzettelijk middel zijn om afstand van en controle over zichzelf te krijgen. De vruchten bieden de kunstenaar ook een objectief domein van kleuren en vormen van een duidelijke sensuele rijkdom, die ontbreekt in de gepassioneerde kunst van zijn beginjaren en die in zijn latere naakten niet zo volledig is gerealiseerd.'

Shapiro komt zelfs tot de identificatie van de schilder met deze vrucht, door op te merken dat ze zijn geschilderd met dezelfde strepen als de schedels van Cézanne en dat in een van zijn zelfportretten als enige voorwerp een appel is te zien.

Hoewel we niet over uitlatingen van Cézanne zelf over de symboliek van deze vrucht beschikken, is het duidelijk dat toen zijn werk bekend werd, dat in eerste instantie kwam door zijn stillevens, en dan met name de appels daarop, iets wat de schilder helemaal niet erg vond, want hij voelde zich zo vereerd door het artikel van Geffroy in *Le Journal* van 25 maart 1894 – dat een jaar later, uitgebreid, werd heruitgegeven als boek – dat hij de criticus vroeg een portret van hem te mogen maken. Geffroy besprak hierin Cézannes thema's en sloot af met een analyse van zijn stillevens, onder de algehele invalshoek van de appels: 'En tot slot zijn er de beroemde appels, die de schilder zo graag schildert en die hij zo goed heeft geschilderd. De achtergronden staan soms uit het lood,

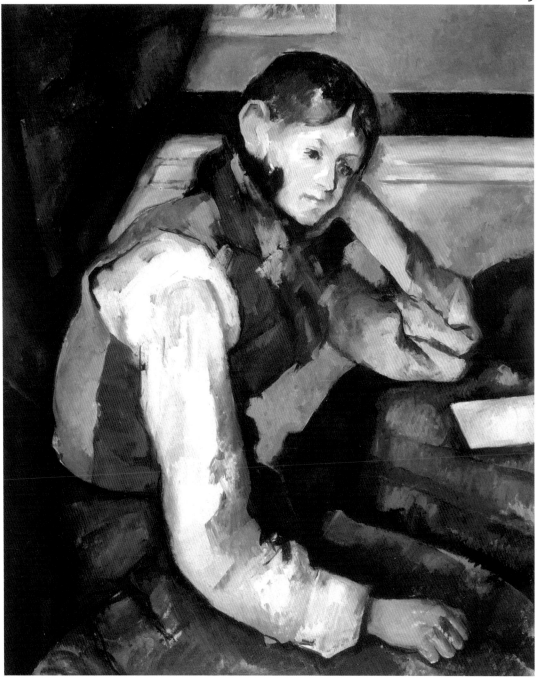

Jongen met rood vest, leunend op elleboog
1890-1895 – olie op doek – 79,5 x 64 cm
Stiftung Sammlung E.G. Bührle, Zürich

Dit is een van de bekendste werken van de schilder. Toen criticus Gustave Geffroy het zag, zei hij dat het 'de vergelijking met de fraaiste portretten uit de geschiedenis van de schilderkunst zou kunnen doorstaan'. Deze woorden uit het begin van de jaren 1890 moeten Cézanne, die destijds verklaarde dat hij met zijn portretten nog niet hetzelfde niveau had bereikt als met zijn stillevens of landschappen, enorm plezier hebben gedaan.

Na twintig jaar fantastische thema's, stillevens en landschappen geschilderd te hebben, leek Cézanne inderdaad aan het begin van de jaren 1890 het genre van het portret te herontdekken. Terwijl hij zijn zoon schilderde als harlekijn, huurde hij de diensten in van deze jongen, Michelangelo di Rosa, die hij telkens afbeeldde in wit hemd onder een rood vest.

Enkele critici hebben deze serie met personages verklaard uit het feit dat Cézanne en zijn gezin vanaf 1888 tot 1890 in Parijs woonden, ver verwijderd van de natuurscènes van de Provence.

De penseelvoering van dit portret kenmerkt zich door een zekere tederheid, wat duidt op enige affectie die Cézanne voor hem koesterde. Hij heeft hem hier feitelijk niet afgebeeld als de adolescent die hij destijds geweest moest zijn, maar hem meer een renaissancistische schoonheid gegeven, passend bij een personage van Michelangelo.

De achtergrond, ook te zien op andere schilderijen van Cézanne uit deze jaren, correspondeert met zijn Parijse atelier, maar toont hier ook het onderste deel van een schilderij aan de wand en een gordijn links van het personage, die hem lijken te kadreren, opdat de beschouwer zijn aandacht op hem richt.

Rokende man die op elleboog leunt
1891-1892 – olie op doek – 92,5 x 73,5 cm
Kunsthalle, Mannheim

In maart 1892 schreef Numa Coste, bevriend met zowel Cézanne als Émile Zola, aan de laatste: 'Hoe is het te verklaren dat een hebzuchtige bankier een wezen als onze arme vriend Cézanne heeft kunnen verwekken. Ik zag hem onlangs. Hij is gezond en gaat fysiek niet achteruit. Maar hij is schuchter en primitief en kinderlijker dan ooit geworden.' De diabetes speelde de schilder steeds meer parten en hij trok zich allengs verder terug.

Dat versterkte nog eens zijn obsessie om telkens dezelfde thema's te schilderen, zoals bij deze *Roker leunend op elleboog*. Tussen 1890 en 1891 maakt Cézanne drie olieverfschilderijen van deze zelfde boer, met hoed en pijp, leunend op zijn rechterelleboog. We zien een sterke man, uitgedost in de kleding van boeren uit het zuiden, met de typische hoed, die zelfbewust naar de schilder kijkt, misschien omdat ze elkaar al langere tijd kennen.

Het lijkt of het model voor dit schilderij hetzelfde is als op de serie *Kaartspelers*, een arbeider op Jas de Bouffan, die op nog twee doeken voorkomt. Eén daarvan, *Portret van een tuinman*, werd in 1892 door Cézanne geschonken aan Paul Alexis, de leerling van Émile Zola.

De achtergrond van dit doek zou de keuken of het atelier op Jas de Bouffan kunnen zijn. De man leunt op een tafel die is bedekt met het bruine kleed met geometrische motieven dat ook is te zien op enkele van de *Kaartspelers*.

De diagonale compositie vanaf de rechteronderkant naar linksboven wordt gemarkeerd door de houding van de figuur, maar afgewisseld door andere, schuine en parallelle lijnen van de revers.

De kleuren zijn zachtjes gemoduleerd. Op de achtergrond met toetsen blauw en lavendel en op de voorgrond, in het pak van de boer, met bruintinten die weerspiegelen in blauw.

Rotsen bij Fontainebleau

1893 – olie op doek – 73 x 92 cm
Metropolitan Museum of Modern Art, New York

Anders dan de bossen in Cézannes Provence kennen deze uit het noorden van Frankrijk met hun dichtere begroeiing een veel indirecter licht, met veel afwisselende schaduwpartijen. Dat is misschien de reden van het veel killere kleurgebruik en de vloeiende chromatische harmonie, die op de beschouwer een gevoel van droefheid en diepe eenzaamheid overbrengen.

Deze compositie is verdeeld in vier vlakken. Op het eerste zien we rechts een rots die sommige onderzoekers hebben geduid als een menselijk hoofd dat achterover ligt. Daarachter voert het terrein met zijn glooiingen de beschouwer naar het volgende vlak, met een hoekigere, licht hellende rots, die een zeker onevenwichtig gevoel geeft, en enkele bomen, waarvan de stammen parallel aan de rotswand lopen. Het vierde vlak wordt gevormd door de verre en bleke lucht, vol dreigende wolken.

Cézanne accepteerde inmiddels de klassieke wetten van het driedimensionaal illusionisme niet meer. Halverwege de jaren 1890 bekende hij aan de dichter Jean Royère: 'Je moet niet schilderen wat je denkt te zien, maar dat wat je ziet. In het begin krijg je er kippenvel van, maar dat vereist ons beroep nu eenmaal... Op de École des Beaux-Arts leren ze je de wetten van het perspectief, maar ze hebben er nooit aan gedacht dat diepte wordt bereikt door het over elkaar plaatsen van verticale en horizontale vlakken en dat is precies wat perspectief is. Ik heb het na vele inspanningen ontdekt en heb vlakken geschilderd, want er bestaat niets dat ik zie en niet later schilder.'

De kleurstelling van de rotsen is in principe violet, met contrasterende kleurvlekken, met name de heldergele kern in het midden. De bomen zijn van een veel grijzer groen dan wat Cézanne vooral in de Provence doorgaans schilderde. De stammen zijn geschilderd in helderbruin en zelfs wit en hebben zwarte contouren en ook de hemel is witachtig.

Stilleven met appels
1893-1894 – olie op doek – 65,5 x 81,5 cm
Privé-collectie

De meeste voorwerpen op dit doek zijn we al eerder tegengekomen op andere stillevens vanaf het eind van de jaren 1880: de groene, geglazuurde kan, de fles rum en de gemberpot met zijn rieten foedraal, de suikerpot van majolica, de schaal met appels, het witte kleed en het blauwe, bedrukte gordijn dat fungeert als tafelkleed. Dit gordijn verschijnt in telkens andere schikkingen en perspectieven, met de bedoeling er zoveel mogelijk combinaties aan te ontlokken, omdat Cézanne hield van tweedimensionale bedrukte stoffen, waaraan hij een derde dimensie toevoegde om de motieven de veranderen.

Ondanks dat we al bekend zijn met de gebruikte elementen, laat dit *Stilleven met appels* niet na ons te fascineren door de compositie van het geheel. Rainer Maria Rilke zag dit doek in 1907 op een expositie van Frans impressionisme in Praag en schreef ontroerd aan zijn vrouw: 'Tussen het burgerlijke katoenblauw en de muur die is bedekt met een lichte blauwe waas, strijdt een fraaie grote, grijs geverniste gemberpot om voorrang met links daarvan een fles gele curaçao van donker glas en uiterst links een aardewerken kan, waarvan het bovenste tweederde groen is gevernist. Aan de andere kant, op een blauw kleed, op een porseleinen bord dat dit blauw weerspiegelt, liggen appels, waarvan er een over de rand is gerold. Dat rood van de appels dat verglijdt naar het blauw is een actie die net zozeer voort lijkt te komen uit de kleurprocessen van het doek, als de vereniging van twee naakten het gevolg is van hun plastische affiniteit.'

De compositie van dit werk is in wezen piramidaal, waarbij enkele voorwerpen van meer of minder lengte elkaar van links naar rechts afwisselen. Bovendien zijn keramiek, stof en vruchten afgewisseld om de verschillende texturen te benadrukken.

Grote baadsters (Groep vrouwen)
1894-1905 – olie op doek – 136 x 191 cm
The Trustees of the National Gallery, Londen

Deze compositie is opgebouwd uit twee vlakken. Op het eerste verschijnen de vrouwen. Het tweede is een onduidelijke, maar niet al te verre achtergrond, met weinig diepte.

Ondanks de zon midden op het doek, lijkt het licht afkomstig van de avondschemering of de maan, wat een groot gevoel van onrust geeft en een groot deel van het oppervlak in de kleur blauw drenkt. Op de voorgrond wordt die ruim afgewisseld met oker, terwijl hij op de achtergrond meer is gemengd met groen en violet.

Op de donkere en de meer transparante tinten heeft Cézanne enkele helderdere en ondoorzichtige verflagen aangebracht, waardoor er, dankzij de homogene verfstreken die onderling sterk versmolten zijn, een paarlemoerachtig oppervlak is ontstaan, met een gepolijste textuur, vooral bij de lichamen van de vrouwen.

De vrouwen hebben grove, blauwe contourlijnen, 'alsof ze zijn gebeiteld in bergrots,' meende beeldhouwer Henry Moore bij het zien van het doek, wat hen een irreële en primitieve sfeer geeft.

Als we rustig naar het oppervlak van dit schilderij kijken, zien we aan de bovenkant een dubbelgevouwen stuk doek van 8 cm onder het frame en twee rijen spijkers aan de onderkant. Dat komt omdat de schilder de focus van de baadsters wilde corrigeren om ze dichter bij het bovenste deel te brengen en het doek één of twee keer losmaakte van het frame om het aan te passen. Cézanne was, zeker aan het eind van zijn carrière, gewoon om zijn thema's niet aan te passen aan de standaardmaten van frames en ze een eigen maat te geven of, zoals in dit geval, ze later aan te passen.

Met enige regelmaat vernietigde Cézanne werk waar hij niet tevreden over was. Het is mogelijk dat *De grote baadsters* dezelfde weg was gegaan, aangezien het voltooien ervan vele jaren kostte. Het feit dat Cézanne in deze periode verschillende keren van atelier wisselde en dit schilderij groot van omvang was, waren er de oorzaak van dat het doek van het frame werd gehaald en zo gespaard bleef voor de woedeaanvallen van de schilder. Aan de andere kant geeft het feit dat hij er op een foto van Émile Bernard voor poseert in zijn atelier in Les Lauves ook wel een idee van het belang dat de schilder aan dit doek hechtte.

Vanuit het zuidwesten, met bomen
1894-1900 – olie op doek – 68 x 90 cm
The Cleveland Museum of Art, Cleveland

De schilder had zich inmiddels ver verwijderd van de artistieke kringen in Parijs en contact verloren met veel van zijn vrienden. Hij zocht steeds weer zijn toevlucht in het schilderen van het landschap en de inwoners van de Provence. Ondanks dat het portret in deze periode voor hem van groot belang was, bleef dit voor hem altijd iets voor binnenshuis; in zo'n extreme mate dat er in het oeuvre van Cézanne geen enkel schilderij uit de openlucht voorkomt met mensen erop.

Aan het eind van de negentiende eeuw kende de Provence een economische en industriële groei die zich vertaalde in meer gebouwen en daardoor in een zekere invasie van het landschap. Cézanne bezag deze ontwikkeling met lede ogen en zocht steeds naar verlaten landschappen waarmee hij zich kon identificeren en via welke hij zijn gemoedstoestand kon overbrengen.

'Bij een boomstam ontdekt Cézanne de elementen waaruit schoonheid bestaat en die zoveel anderen ontgaan. Al die lijnen die zich verstrengelen, elkaar strelen, elkaar omsingelen, al die kleurelementen die elkaar bedekken, elkaar afzwakken en contrasteren – hij maakte zich er allemaal meester van en organiseerde ze allemaal.' Zo zag de schilder Paul Signac (die zijn eerste Cézanne kocht op de vroege leeftijd van 21) Cézannes creatieve proces. Cézanne bleef altijd een referentiepunt voor hem en zelfs toen hij als criticus het werk van de schilder moest behandelen, deed hij dat op een zeer technische manier.

In mei 1898 publiceerde hij de studie *Van Delacroix tot het neo-impressionisme*, waarin hij de methodologie van de schilder analyseert door te proberen een nog altijd niet geaccepteerde techniek begrijpelijk te maken: 'Door dingen naast elkaar te plaatsen, via ronde en strakke penseelstreken, zonder zich te laten leiden door imitatie of behendigheid, en door de verschillende elementen van de ontlede kleuren, benadert Cézanne veel meer de typische methodische verdeling van de neo-impressionisten (…) Net zoals de penseelvoering van Cézanne de verbindingslijn is tussen de manier van werken van de impressionisten en die van de neo-impressionisten. Cézanne begint aan zijn thema terwijl hij al weet wat hij wil: zoeken naar volumes.'

1895-1899

Oude ansichtkaart van de omgeving van Aix-en-Provence, met op de voorgrond de François Zola-stuwdam en op de achtergrond de Mont Sainte-Victoire, een van de vaste motieven van Cézanne in zijn laatste jaren.

Het meer van Annecy.

1895

— In februari schildert hij samen met Pierre-Auguste Renoir in de omgeving van Aix-en-Provence.

— Hij keert in juni terug naar Aix, om samen te zijn met zijn moeder, die ernstig ziek is en, vanwege de onmin met haar dochter Marie over de erfenis van Louis-Auguste Cézanne, alleen woont.

— Cézanne onderneemt vanuit Aix uitstapjes naar de steengroeve van Bibémus en de Mont Sainte-Victoire. Hij huurt een hut bij de steengroeve om er de doeken en materialen op te slaan die hij nodig heeft om te schilderen in de openlucht.

— Hij doet in december mee aan de eerste expositie die is georganiseerd door de Société des Amis des Arts van Aix-en-Provence.

— Eveneens in december vindt de eerste individuele tentoonstelling van Cézanne plaats, met 150 werken. De expositie, in de galerie die Ambroise Vollard bezit in de Rue Lafitte, is georganiseerd door de kunsthandelaar, die sinds de dood van père Tanguy Cézannes agent is geworden,. Onder de vele andere verzamelaars en schilders die doeken kopen zijn Camille Pissarro, Pierre-Auguste Renoir, Edgar Degas en Claude Monet. Het grote publiek begrijpt Cézannes werk echter niet; Vollard ziet zich zelfs genoodzaakt de doeken van Cézanne uit zijn etalage te halen.

Foto van rond 1895 waarop we Cézanne aan het werk in zijn atelier zien, uitgedost met de muts waarmee hij zich op enkele zelfportretten afbeeldde.

1895

— De doeken van Cézanne beginnen meer waard te worden. Bij galerie Vollard koopt Degas *Glas, kleed en appels* voor 400 francs, bijna het dubbele van de hoogste prijs twee jaar eerder op de veiling bij père Tanguy (*Hoek van een dorp*, voor 215 francs). Bij dezelfde galerie koopt Egistio Fabbri voor 600 francs *Staande Italiaan*.

— Hij leert in april Joachim Gasquet kennen, een jonge dichter (zoon van Henri Gasquet, bakker en jeugdvriend van de schilder). Hij schildert in mei Joachims portret.

— In de lente reist Vollard naar Aix om de schilder persoonlijk te leren kennen, want tot die tijd fungeerde Paul jr. als intermediair. De handelaar benut de kans om vier schilderijen te kopen die Cézanne aan plaatsgenoten had geschonken.

— Van 15 juni tot 20 juli organiseert Vollard een expositie van schilders-etsers waarop Cézanne een ets, een tekening en zes aquarellen toont. In deze periode ontvangt Cézanne hem ook in Aix. Naast het kopen van werk bekijkt Vollard ook het atelier van Cézanne en de voorwerpen en beelden van bewonderde kunstenaars waarnaar de schilder in diverse werken verwees.

— In juni installeert hij zich een maand in Hotel Molière in Vichy

Ambroise Vollard (1867-1939).
Deze kunsthandelaar was een
van de eerste beschermheren
en voorvechters van het
werk van Cézanne,
waarvoor de schilder hem
altijd dankbaar en zeer
erkentelijk was.

De Rue Saint-Lazare in
Parijs. Foto van rond 1900.
Op nummer 73 van deze straat
huurde Cézanne in 1897 een
appartement.

voor een kuur. In juli bezoekt hij Tailloires, Chambéry, Annecy en Saint-Laurent-du-Pont, maar het reizen heeft hem nooit getrokken. Hij schrijft aan Gasquet: 'Voor mij begint het leven dodelijk monotoon te worden.'

▬ De prijzen van de doeken van Cézanne blijven duizelingwekkend stijgen. Zo koopt Renoir op 15 november twee schilderijen bij Vollard (*Rode rotsen, paarse heuvels* en *Idylle*) waarbij hij voor elk 2000 francs betaalt.

1897

▬ In de lente verblijft hij in Hotel Belle Étoile in Mennecy (Essonne).

▬ Vollard koopt alle doeken die de schilder in zijn atelier heeft.

▬ Op 25 oktober overlijdt op 83-jarige leeftijd de moeder van de schilder, met wie hij een zeer sterke band had. Cézanne loopt niet mee in de rouwstoet want hij heeft veel werk te doen, zegt hij, en gaat liever in de openlucht schilderen. Deze anekdote versterkt de theorie van degenen die menen dat Cézanne aan een psychiatrische aandoening lijdt.

▬ Zijn zus Marie keert terug op Jas de Bouffan om de leiding van het huishouden over te nemen. De ruzie tussen broer en zus over de familie-erfenis begint.

▬ De directeur van de Nationalgalerie van Berlijn, Hugo von Tschudi, die een Cézanne had gekocht in de galerie van Durand-Ruel, organiseert in genoemde galerie een expositie van Franse meesters van de negentiende eeuw, waar ook werk is te zien van Cézanne, samen met dat van Edgar Degas, Henri-Théodore Fantin-Latour, Édouard Manet, Claude Monet, Camille Pissarro en Auguste Rodin. Bij een bezoek van de Franse keizer haalde Von Tschudi echter het schilderij van Cézanne van de muur, omdat deze nog steeds een door de kritiek weinig gewaardeerd kunstenaar was en zelfs donaties van zijn schilderijen werden afgewezen.

1898

▬ In mei betaalt Degas 200 francs voor een fragment van een schilderij van Cézanne dat enkele groene peren toont.

▬ Van 9 mei tot 10 juni vindt de tweede individuele expositie van Cézanne plaats, in galerie Vollard, met zestig doeken en een catalogus.

▬ Op 22 juni stuurt hij een brief naar Gasquet waarin hij uitlegt waarom hij kwaad is op de critici Georges-Benjamin Clemenceau en Gustave Geffroy: 'Op een dag heb ik alles in de steek gelaten, het doek, de ezel, Clemenceau en Geffroy...'

1899

▬ Op een veiling in galerie Georges Petit in Parijs ten bate van de kinderen van Alfred Sisley (gestorven op 29 januari van dat jaar) brengt een schilderij van Cézanne 2300 francs op. Op een andere veiling in dezelfde galerie zal Monet 6750 francs betalen voor *Smeltende sneeuw in L'Estaque*.

▬ In de lente ontvangt hij Egistio Fabbri, een Italiaanse verzamelaar die 16 doeken van Cézanne bezit.

▬ Om tot overeenstemming te komen over de erfenis van zijn vader verkopen de kinderen Cézanne op 18 september Jas de Bouffan. Cézanne probeert vervolgens het Château Noir te kopen waar hij al een kamer huurt, maar het bod dat hij de eigenaar doet, wordt niet geaccepteerd.

▬ Van 21 oktober tot 26 november wordt de Salon des Indépendants gehouden, waar Cézanne twee stillevens en een landschap toont.

▬ Tussen november en december vindt er nog een expositie van Cézanne plaats in galerie Vollard, met veertig doeken. Enkele dagen later koopt de galeriehouder alle werk uit het atelier van de schilder.

De steengroeve bij Bibémus
1895 – olie op doek – 65 x 80 cm
Folkwang Museum, Essen

Enkele jaren lang vormde de steengroeve van Bibémus een toevluchtsoord voor Cézanne, want het is een afgelegen plek waar hij zich erg op zijn gemak voelde om te schilderen. In hetzelfde jaar dat hij dit landschap schilderde, huurde hij een huisje van twee verdiepingen om zijn materiaal op te slaan en soms ook om er zich een paar dagen af te zonderen van alle sociale contacten en zich volledig te wijden aan het schilderen.

Enkele van zijn vrienden, zoals Joachim Gasquet, Numa Coste, Philippe Solari en zijn zoon Émile, komen wel eens langs om hem gezelschap te houden. Na een van die bezoeken, in de zomer van 1897, schreef Coste bezorgd aan Émile Zola: 'Cézanne is erg gedeprimeerd en wordt regelmatig bevangen door sombere gedachten. Zijn zucht naar erkenning wordt nu en dan echter wel bevredigd en zijn werk kent een verkoopsucces waaraan hij niet gewend is. Maar zijn vrouw heeft hem nogal wat stompzinnigheden laten uithalen (…) Hij heeft een hut gehuurd bij de steengroeve bij de dam en daar brengt hij de meeste tijd door.'

De groeve bevindt zich aan de westelijke flank van de Mont Sainte-Victoire, die het meest wordt geteisterd door de wind en een geërodeerd rotsachtig oppervlak heeft, vol natuurlijke scheuren, die in de meeste gevallen overlopen in de uitgravingen die al stammen uit de Romeinse tijd. Deze unieke aanblik inspireerde Cézanne tot talloze olie- en waterverfschilderijen, waarvan dit – volgens sommige kenners – het eerste werk is over deze locatie. Het perspectief is een van de meest complexe van de serie. De steenhouwers kozen destijds grote steenblokken uit met mooie aderen of een nerf, waarbij dan andere grote, kubusvormige oppervlakken achterbleven, die de schilder weergeeft met gebruik van gearceerde zwarte en blauwe lijnen.

Zowel de kleur als de penseelstreken zijn uniform over het hele oppervlak van dit werk aangebracht, waardoor de vlakken gelijkgesteld zijn. Het panorama van de groeve stelde de schilder in staat een bijna abstract werk te maken, waarin hij het zuiver creatieve proces dicht nadert. Hij scheidde de kleuren en vormen van de echte weergave van de steengroeve. Toch hebben enkele critici gemeend in dit onduidelijke landschap vage menselijke vormen te zien, half verscholen tussen de schaduwen.

La Maison Marie
1895 – olie op doek – 65 x 81 cm
Kimbell Art Museum, Fort Worth, Texas

In 1895 vond de eerste individuele expositie van Cézanne plaats. Bij deze gelegenheid publiceerde criticus Gustave Geffroy een lovende recensie: 'In galerie Vollard in de Rue Lafitte kunnen de voorbijgangers naar binnen gaan om vijftig schilderijen te bewonderen: figuren, landschappen, fruit en bloemen, die de klasse tonen van een van de grootste en interessantste persoonlijkheden van deze tijd. Als dat is gebeurd, en het wordt tijd dat het gebeurt, zal alle duisternis en alle legende over het leven van Cézanne verdwijnen en er een ernstig oeuvre overblijven dat zowel betoverend is als rijp en daarom niet minder naïef... Hij is een groot fanaticus van de waarheid, een vurig en kinderlijk man, nors en perfectionistisch. Hij zal in het Louvre komen.'

In de jaren waarin Cézanne een atelier en kamer huurde op het Château Noir, bevond hij zich zeer dicht bij dit huis, waar hij langs kwam als hij via de weg naar Tholonet vertrok om de Mont Sainte-Victoire vast te leggen.

Dit schilderij is door verschillende kunsthistorici beschouwd als het belangrijkste van de landschappen die de schilder in de laatste fase van zijn carrière maakte. Uit deze weergave van het oude huis in noodweer spreekt een dramatisch gevoel, waarbij het donkerblauw van de lucht contrasteert met de meer heldere vlakken, als worden deze verlicht door de bliksem.

De kleur en de richting van de lijnen helpen om het voorste en achterste vlak te verenigen. Het oker van de huizen is doorspekt met blauw. Dit blauw is hetzelfde als dat van de planten op de voorgrond en als dat van de berg en de hemel, die slechts worden gescheiden door een dunne lijn. Het groen van de bomen volgt de lijn van de weg en draait met hem weg achter het huis.

Het effect om het verdwijnpunt achter een hoek te leggen, was door Cézanne al in verschillende landschappen uit de jaren 1870 toegepast, toen hij samen met Camille Pissarro in Pontoise werkte.

Gustave Geffroy
1895-1896 – olie op doek – 116 x 89 cm
Musée d'Orsay, Parijs

In deze periode werd de schilder bekender en begon zijn werk ook meer op te brengen. Het was iets waar hij niet goed tegen kon: 'Ik vervloek Geffroy en enkele andere grappenmakers die voor vijftig francs een artikel schrijven en zo de aandacht van het publiek op mij hebben gevestigd (...) ik dacht dat je goed werk kon maken zonder dat je de aandacht op je privé-bestaan vestigde,' schreef hij in de lente van 1896 aan Joachim Gasquet.

Doordat het schilderij niet is voltooid, heeft het personage een aura van macht gekregen, met zijn onduidelijke gelaatstrekken en ruwe handen. Ook de piramideconstructie van de figuur draagt daaraan bij; een zeldzaamheid in die tijd, maar de schilder gebruikte deze regelmatig om de kracht van zijn figuren te onderstrepen, zoals in *De vrouw met de koffiepot*, uit hetzelfde jaar als dit portret.

De decoratieve elementen (de roos, de inktpot, het beeldje van Rodin, en de open boeken op tafel) situeren de persoon op zijn werkplek, maar geven geen persoonlijke trekken van zijn karakter weer, waaruit je kunt afleiden dat de schilder niet goed de voorkeuren van de criticus kende.

Achter het personage staat eenzelfde boekenkast als op Edgar Degas' *Portret van Mr. Duranty*, dat hij had gezien op de vierde impressionistische tentoonstelling van 1879. Op elke plank staan de boeken in een bepaalde richting, waardoor een complex evenwicht ontstaat, maar tegelijkertijd een groot dynamisch gevoel, dat het majestueuze karakter van het personage versterkt.

Het vlak van de tafel, bijna frontaal, met zijn tot simpele geometrische vormen teruggebrachte boeken, kondigt reeds de latere, kubistische stillevens aan.

Joachim Gasquet
1896 – olie op doek – 65 x 54 cm
Národni Galeri, Praag

Joachim Gasquet was een jonge dichter uit Aix, zoon van Henri Gasquet, bakker en een van de jeugdvrienden van Cézan-ne. Die leerde hem kennen in april 1896. Ze werden meteen dikke vrienden. 'Ik zag hem elke dag. Hij nam me mee naar Jas de Bouffan, hij toonde me zijn doeken. Hij kwam me ophalen voor een wandeling en we keerden 's middags uitgeput en stoffig terug (…) Cézanne leek op te leven. Hij was als dronken. Eenzelfde argeloosheid verenigde mijn onwetende jeugd met zijn onbevangen en overstelpende wijsheid. Alle thema's leken ons goed,' aldus de getuigenis van de jonge Gasquet.

Een paar weken nadat ze elkaar hadden leren kennen, schreef Cézanne hem, wellicht overdonderd door de vitaliteit van de jongeman, dat hij naar Parijs ging. Enkele dagen later troffen ze elkaar in Aix-en-Provence en de jongeman voelde zich gekwetst door dit bedrog. De schilder stuurde hem een brief waarin hij zich verontschuldigde voor zijn behoefte aan een-zaamheid. 'Ik begaf me rennend naar Jas. Hij opende meteen zijn armen toen hij me zag. "Laten we het er niet meer over hebben," zei hij, "ik ben een oude dwaas. Ga zitten, dan schilder ik je portret".'

Cézanne begon in mei 1896 met dit portret. Het werd gemaakt in de salon op Jas de Bouffan, die Cézanne, na de dood van zijn vader tien jaar eerder, had veranderd in een groot atelier, waarna hij het andere atelier dat al in huis was, niet meer gebruikte. Volgens sommige getuigen heerste hier een geweldige chaos van doeken en schildermaterialen, vermengd met vast te leggen voorwerpen als bloemen, witte kleden, drie schedels op de schouw en een ebbenhouten kruis met ivoren Christus dat van zijn schilderende grootmoeder was geweest.

Als achtergrond van het portret plaatste de schilder links het oude, aan zijn vader geschonken kamerscherm, dat hij als jongeman samen met Émile Zola had beschilderd. Rechts is de muur met de rode fries op het onderste deel te zien.

Het hoofd van Gasquet is niet af. Het gezicht is wazig. Hierdoor kunnen we Cézannes schilderproces goed volgen, waar-bij kleuren en penseelstreken over elkaar heen werden aanbracht om de verschillende modulaties te creëren.

De Mont Sainte-Victoire gezien vanuit Bibémus
1897 – olie op doek – 65 x 81 cm
Baltimore Museum of Art, Baltimore

In 1897 hervatte Cézanne de serie over de Mont Sainte-Victoire die hij aan het begin van de jaren 1880 was begonnen. 1897 was ook het jaar van de dood van zijn moeder en de fase waarin de religieuze gevoelens van de schilder dieper werden. In deze nieuwe serie over de berg, verschijnt deze verticaler dan op eerdere schilderijen, waardoor historici er een sacraler gevoel uit vinden spreken.

Dit landschap correspondeert met het uitzicht op de berg vanaf de steengroeve van Bibémus, die Cézanne had geschilderd op *De steengroeve van Bibémus* uit 1895. De kunstenaar werkte in dit geval vanuit een verlaagd perspectief om rotsen en berg majestueuzer te maken. Deze laatste verheft zich achter de rotsen, bijna alsof hij er bovenop geplakt zit en vult de hele bovenkant van het doek.

De kleuren worden gecontrasteerd, onder invloed van het sterke licht van een zomermiddag. Op het eerste en tweede plan zijn de rotsen oranje, afgewisseld door groene bomen. Op de achtergrond bedekt het paars de berg en de hemel. Beide niveaus worden verbonden door de oranjetinten op de berg en de paarse schaduwen van de steengroeve op de voorgrond.

Cézanne slaagde erin volumes te creëren met kleurvlekken. Om enkele vormen te onderstrepen, gebruikte hij lange zwarte contourlijnen voor de boomstammen op de voorgrond – om hun verticaliteit te benadrukken en de blik van de beschouwer naar de diepte van de ravijn te leiden – en blauwe voor het profiel van de berg om hem te laten uitkomen tegen de hemel die vol licht is.

Stilleven met gordijn en gebloemde pot
1899 – olie op doek – 54,7 x 74 cm
Museum van de Hermitage, Sint-Petersburg

Dit werk is deel van een serie van zes olieverfschilderijen - allemaal in hetzelfde jaar gemaakt in Parijs – waartoe ook *Appels en sinaasappels (Gordijn, fruitschaal, kan en bord met fruit)* hoort. Op alle zien we, zij het met een lichte variatie, sinaasappels en appels op een bord of een fruitschaal en servetten. Dit alles op een simpele tafel, met een gordijn met plantaardige motieven erachter.

Het gebloemde gordijn is ook te zien op *Gordijn, kan en fruitschaal* uit 1893, *Stilleven met appels* uit 1893 en *Amor in gips* uit 1894.

In al deze stillevens experimenteerde Cézanne met de ruimte en wist hij de composities een grote stabiliteit te geven. In dit geval dankzij de verdeling van de achtergrond in twee bijna gelijke delen, met links een overvloedig gedecoreerd stuk stof en rechts een lege ruimte. Op de tafel zijn de elementen in piramidestructuur gerangschikt, wat een grote stabiliteit aan het doek geeft, met de gebloemde kan in het midden en twee borden fruit aan weerszijden. De servetten die voor op de tafel liggen, compenseren het gewicht van het gordijn aan de bovenkant en geven een gevoel van verticaliteit aan de compositie.

Er zijn wat onafgemaakte details aan het schilderij, zoals de doek die rechts op de voorgrond hangt, of de bloem op de kan. Van de andere kant voegen deze ook een grotere rijkdom aan texturen toe, want de doek lijkt gedecoreerd met transparante motieven en op de kan zou het onafgemaakte stuk kunnen corresponderen met een lichtreflectie op het oppervlak.

Appels en sinaasappels
(Gordijn, fruitschaal, kan en bord met fruit)
1899 – olie op doek – 74 x 93 cm
Musée d'Orsay, Parijs

Dit doek bevat dezelfde voorwerpen als de andere vijf stillevens uit dezelfde periode, waaronder zich ook *Stilleven met gordijn en gebloemde kan* uit 1899 bevindt. Het bestaat uit sinaasappels en appels op borden (of in dit geval een fruitschaal), een kan van gebloemd aardewerk, witte servetten en weelderige gordijnen. De linkse is onder andere ook te zien op *Drie schedels op een oosters kleed* uit 1898 en *Dame in blauw* uit 1900, die de schilder tot zijn dood in bezit had en ook meenam naar zijn laatste atelier in Les Lauves. Ook het rechtse gordijn komt op ander werk voor, naast *Stilleven met gordijn en gebloemde kan* uit 1899 bijvoorbeeld ook op *Madame Cézanne in gele stoel* uit 1893.

Op de tafel legt de kunstenaar opnieuw enkele witte doeken, zoals aan het begin van zijn carrière. Ze zijn al te zien op *Brood en ei* uit 1865. Het is de invloed van de Spaanse stillevens van onder anderen Zurbarán. Zoals voor veel kunstenaars vormde het schilderen van wit voor hem een grote uitdaging. 'Heel mijn jeugd heb ik dat willen schilderen, die doek van pas gevallen sneeuw,' vertelde hij aan Joachim Gasquet. Het midden van de compositie is in feite een oefening in verschillende soorten wit, gekenmerkt door verschillende schaduwen of penseelstreken, in overeenstemming met de verschillende texturen van de stoffen of aardewerksoorten.

Tegen het glimmende wit waarmee Cézanne doek en aardewerk schilderde, steken de combinatie van levendige kleuren van het oosterse tapijt links en de warme tinten van het fruit af.

Het perspectief van dit stilleven is, zoals meestal in deze laatste fase, irreëel. De tafel vertoont een oppervlak met een voorgrond die links naar de beschouwer toe loopt. Daarop vertoont het bord een tegengestelde helling, naar de rechteronderkant, terwijl de fruitschaal naar achter lijkt te hellen. Dankzij dit spel van lijnen, die elkaar snijden in het midden van het doek, behoudt het een gecompliceerd evenwicht.

Ambroise Vollard
1899 – olie op doek – 100 x 81 cm
Musée du Petit Palais, Parijs

Vollard publiceerde in 1914 de eerste biografie over Cézanne. Daarin wijdde hij een heel hoofdstuk aan de totstandko-ming van dit portret. Volgens hem toonde Cézanne 'me zoveel welwillendheid dat ik hem op een dag durfde te vragen mijn portret te schilderen'.

Het schilderproces van dit doek bleek nog bewerkelijker te zijn dan de doeken van Cézanne toch al waren. Het schijnt dat dit portret hem noopte tot een 'oponthoud in Parijs voor een behoorlijk lang werk', zoals de schilder in een brief schreef, waarin hij zich verontschuldigde voor het feit dat hij de communie van zijn nichtje Marthe Conil in de Provence niet kon bijwonen. Het schilderen naar de natuur duurde inderdaad erg lang; 'uitputtend', in de woorden van Vollard. In de herfst van 1899 poseerde hij enkele maanden lang dagelijks vanaf acht uur 's morgens tot halftwaalf. Vollard vertelde dat hij, uitgeput door de lange sessies waarop hij niet mocht bewegen, soms in slaap viel. 'Ongelukkige!' beet Cézanne hem toe. 'U verstoort de pose. Ik heb het u al eerder gezegd, u moet zo stil zitten als een appel. Beweegt een appel zich soms?' En hij beschrijft het moeizame werkproces: 'Op mijn portret zaten op de hand nog twee kleine stukjes waarop het doek niet was beschilderd. Ik vertelde dat aan Cézanne: "Als het goed is na mijn sessie in het Louvre," antwoordde hij, "misschien dat ik morgen de juiste toon vind om die witte vlekken te bedekken. (…) als ik maar wat doe op goed geluk, zou ik me gedwon-gen zien het hele schilderij vanaf dat punt opnieuw te beginnen!" '

1900-1906

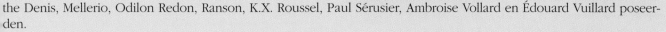

Het atelier in Les Lauves, Aix-en-Provence.
Nadat hij eenmaal Jas de Bouffan had verkocht, kocht
Cézanne dit huis, waar hij het atelier liet inrichten.
Dit atelier zou zijn laatste worden.

1900

— Tijdens de wereldtentoonstelling van Parijs wordt op 1 mei de expositie *Honderd jaar Franse schilderkunst* (van Jacques-Louis David tot Cézanne) geopend, waar Cézanne, dankzij de inspanningen van Roger Marx, hing met *Stilleven: fruit, Landschap* en *Mijn tuin.*

— In december maakt Maurice Denis zijn *Hommage aan Cézanne* af, een schilderij waaraan hij al twee jaar werkte, en waarvoor, als blijk van erkenning, Pierre Bonnard, Marthe Denis, Mellerio, Odilon Redon, Ranson, K.X. Roussel, Paul Sérusier, Ambroise Vollard en Édouard Vuillard poseerden.

— In november ontdekt de dichter Rainer Maria Rilke het werk van Cézanne op een collectieve tentoonstelling in de galerie van Bruno en Paul Cassirer in Berlijn, waarna hij zich zal opwerpen als een van zijn grootste voorvechters.

1901

— Van 20 januari tot 20 februari neemt Cézanne, samen met Pierre Bonnard, Henri Fantin-Latour, Maurice Denis, Jean-Marius Raffaëlli, Pierre-Auguste Renoir, Édouard Vuillard en anderen deel aan een collectieve expositie in galerie Vollard, getiteld *Estampes originelles.*

— Van 1 tot 31 maart worden op de achtste expositie van La Libre Esthétique in Brussel een stilleven van Cézanne en de *Hommage aan Cézanne* van Maurice Denis getoond.

— Op 22 april wordt *Hommage aan Cézanne* van Maurice Denis getoond op de salon van de Société National des Beaux-Arts, wat een groot aantal positieve kritieken in de pers oplevert. Het doek wordt gekocht door schrijver André Gide, die van dichtbij de stappen van de schilder zal volgen.

— Van april tot mei exposeert Cézanne *Stilleven* en *Landschap* op de zeventiende tentoonstelling van de Indépendants. Bovendien toont de Société des Beaux-Arts van Béziers *Fruit.*

— Van 9 mei tot 12 juni zijn er een zelfportret en drie stillevens te zien op de eerste Internationale Tentoonstelling van schilderkunst in Den Haag.

Op 16 november koopt hij een kleine boerderij in het buurtschap Les Lauves van Aix, waar hij contant 2000 francs voor betaalt. Het kost enkele maanden om het atelier zo in te richten dat de schilder er comfortabel kan werken.

De Oostenrijks-Duitse dichter Rainer Maria Rilke
ontdekte de schilderijen van Cézanne in 1900 en
werd een van zijn meest uitgesproken aanhangers.

Het huis in Les Lauves, door Cézanne gekocht op
16 november 1901, waar hij zijn atelier vestigde.

Interieur van het laatste atelier van Cézanne in Les Lauves, met de voorwerpen die hij gebruikte voor zijn stillevens.

▬ In november arriveert Charles Camoin in Aix om zijn dienstplicht te vervullen. Deze jonge schilder vraagt voorgesteld te worden aan Cézanne en er bloeit onmiddellijk een grote vriendschap tussen hen op. De brieven die ze elkaar sturen en de artikelen die Camoin over de schilder zal publiceren, vormen een van de beste theoretische bronnen over de productie van Cézanne in zijn laatste jaren.

1902

▬ Begin maart begint Cézanne te klagen dat hij lijdt aan 'hersenstoornissen', waardoor hij alleen nog kan werken met een model. Hij schildert niettemin elke dag urenlang en laat alle sociale of familiale compromissen varen. Hij isoleert zich steeds meer.

▬ Van 29 maart tot 5 mei exposeert hij, op verzoek van Maurice Denis, twee landschappen en een stilleven op de Salon des Indépendants.

▬ Op 26 september herziet hij zijn testament, waarin hij zijn zoon Paul als universeel erfgenaam benoemt. Aan Hortense laat hij alleen haar wettelijke erfdeel na.

1903

▬ Tussen januari en februari wordt de impressionistische tentoonstelling van de Sezesion van Wenen gehouden, waar zeven doeken van Cézanne worden getoond.

▬ In de lente zijn er drie doeken van Cézanne te zien op de zevende expositie van de Sezesion van Berlijn.

▬ Vanaf 31 oktober tot 6 december neemt hij deel aan de Salon d'Automne in Parijs.

1904

▬ Op 4 februari brengt de jonge schilder Émile Bernard een bezoek aan Cézanne in Aix, waar hij een maand bij hem doorbrengt. Deze bezoeken zullen zich herhalen en Bernard maakt aantekeningen van hun lange gesprekken en foto's van een schilderende Cézanne. In 1925 zal Bernard *Een gesprek met Cézanne* publiceren, waarin hij diens esthetische reflecties verzamelt.

▬ Vanaf 25 februari tot 29 maart vindt de Libre Esthétique plaats in Brussel, waar Cézanne negen werken exposeert.

▬ De prijzen voor het werk van Cézanne blijven onophoudelijk stijgen. Zo wordt zijn doek *Bloemen en fruit* door Ambroise Vollard voor 6000 francs verkocht.

▬ Van april tot juni is er een nieuwe expositie met werk van Cézanne in galerie Paul Cassirer in Berlijn.

▬ Vanaf 15 oktober tot 15 november vindt in Parijs de tweede Salon d'Automne plaats, waarvan de schilder medeoprichter is en waar een zaal met 31 schilderijen en twee tekeningen geheel aan hem is gewijd.

▬ In de winter is hij in Aix, waar hij volgens een brief aan schilder Charles Camoin, als het weer het toelaat, dagelijks vanaf 11 uur 's morgens tot 5 uur 's middags naar buiten trekt om te schilderen.

Maurice Denis, Hommage aan Cézanne. Op dit werk beeldde de schilder, rond een stilleven van Cézanne, een groep schilders af die hem erkenden als hun meester.

Cézanne op een foto van Émile Bernard uit 1904. Geleidelijk aan begon Cézanne eruit te zien als de burger die hij zo verafschuwde in Zola.

1905

— In de maanden januari en februari neemt hij deel aan een gemeenschappelijke expositie in de Grafton Gallery's in Londen, waar ook werk hangt van Eugène Boudin, Edgar Degas, Édouard Manet, Claude Monet, Berthe Morisot, Camille Pissarro, Pierre-Auguste Renoir en Alfred Sisley.

— In juni is een stilleven van Cézanne te zien op een collectieve expositie in galerie Paul Cassirer in Berlijn en op een expositie van aquarellen in die van Vollard in Parijs.

— Van 18 oktober tot 25 november vindt de Salon d'Automne plaats in Parijs, waar Cézanne tien werken toont.

— In december toont hij twee doeken op een expositie van stillevens bij Séller und Reiner in Berlijn.

1906

— Van 15 februari tot 15 april wordt de internationale tentoonstelling van Bremen gehouden, waar twee landschappen van Cézanne te zien zijn (een van hen afgestaan door de Nationalgalerie van Berlijn).

— Van 20 februari tot 14 maart is *Dorp aan zee* te zien in galerie Paul Cassirer. In maart laat Ambroise Vollard een dozijn doeken van Cézanne zien op een collectieve expositie.

— Op 13 april koopt het Folkwang Museum in Essen rechtstreeks twee schilderijen van Cézanne in Aix-en-Provence.

— In mei vindt een expositie van Franse impressionisten plaats in het Kaiser Friedrich Museum in Essen, met werk van Cézanne, Gustave Courbet, Claude Monet, Camille Pissarro, Pierre-Auguste Renoir en Alfred Sisley.

— Op 15 oktober wordt hij bij het schilderen in de openlucht verrast door een onweersbui. Verzwakt en niet in staat te lopen, moet hij worden vervoerd. Als gevolg hiervan verslechtert zijn gezondheid. Hij probeert de volgende dagen tevergeefs weer te gaan schilderen.

— Hij overlijdt op 23 oktober en wordt de volgende dag begraven in de kathedraal Saint-Sauveur in Aix-en-Provence, de stad die hem had zien opgroeien en waar hij op 67-jarige leeftijd stierf.

Émile Zola (1840-1902), schrijver en kunstcriticus. Van jongs af aan dik bevriend met Cézanne, die uiteindelijk met hem brak naar aanleiding van diens roman L'Oeuvre, waarin de schilder zich herkende en geminacht voelde.

Foto van de Cézanne-zaal op de Salon d'Automne van 1904, archief van het Musée d'Orsay, Parijs. Hoewel hij er niet naartoe ging, was Cézanne verguld met deze expositie. Via zijn zoon vroeg hij Vollard hem foto's te sturen van de wanden van de zaal met zijn werk. Dit is er een van.

Château Noir
1900-1904 – olie op doek – 74 x 96,5 cm
National Gallery of Art, Washington D.C.

In zijn voortdurende zoektocht, en uit persoonlijke onvrede, schilderde Cézanne het Château Noir vier keer vanaf dezelfde plek, waarbij hij het telkens een sinister karakter gaf, want deze façade is de spookachtigste: de ramen zijn buitenproportioneel hoog en de onafgebouwde staat is duidelijk te zien, wat het gebouw iets decadents geeft. Cézanne lijkt hier iets te willen vangen van de legendes over het kasteel, aangezien eerdere gebouwen op zijn doeken werden gekenmerkt door de weglating of verkleining van deuren en ramen en hij hier juist hun spitsboogvormen benadrukte.

De onrust die de blik op deze locatie veroorzaakt, komt ook voort uit het contrast van de gebruikte kleuren. Het huis heeft een oranje tint, alsof het uit zichzelf licht uitstraalt. In de omgeving overheersen de groene en paarse tinten van de bomen. Ze bezitten allemaal gelijke kleuren wat hen in evenwicht brengt en versterkt.

Over Cézannes gebouwen uit deze laatste jaren zei de surrealistische dichter André Breton dat het 'thema's met een aura' waren. Bij dit Château Noir krijg je deze sensatie door het intense, irreële kleurgebruik en de grillige lijnen van de takken op de rechterkant van het doek, die bij een boom horen waarvan de stam niet is opgenomen in de compositie.

De penseelstreken zijn fijn, aangebracht in meerdere lagen, waardoor reliëf ontstaat. Tussen de kleurgroepen zijn lange strepen zichtbaar van de takken van de bomen, die soms zijn opgebouwd uit verschillende dunne lijntjes.

Zittende boer met hoed
1900-1904 – olie op doek – 92 x 73 cm
National Gallery of Canada, Ottawa

Aan het begin van de jaren 1890 was Cézanne begonnen aan serie portretten van plaatsgenoten, waarvan er enkele hadden geleid tot de composities van de *Kaartspelers*.

Dit is het portret van de boer die staat op twee van deze composities uit 1890. Op het doek van de Barnes Foundation staan vijf figuren en op dat in het Metropolitan Museum of Art in New York vier. In beide gevallen staat deze man links, een pijp rokend.

Hier zit hij in een kamer die niet te herkennen is, want er zijn geen aanwijzingen en deze achtergrond is ook niet op andere schilderijen van de schilder te zien, die zich in dit geval beperkte tot het creëren van grote kleurvlakken in horizontale richting om de stijfheid van de figuur te doorbreken.

In dit werk wilde de schilder het personage tot ware hoofdrolspeler maken door hem te ontdoen van elk accessoire. Hij verklaarde niets over de activiteit waarmee deze zich bezighield, noch over zijn persoonlijkheid; hij wilde zo de blik van de beschouwer louter op het gezicht van het personage richten, dat er gemakkelijk bij zit.

De gebruikte kleuren zijn neutraal, met een voorkeur voor blauwgrijs, intenser in de jas van de boer, waar de volumes zijn gerealiseerd met wit.

De figuur is gedisproportioneerd, met een klein hoofd, waarbij de nadruk op de rust van het personage het belangrijkste is geweest. De handen hebben een azuren uiterlijk en de vingers zijn amper getekend.

Zittende boer
1900-1904 – olie op doek – 73 x 60 cm
Privé-collectie

In het portret *Zittende boer* strekt de figuur zich bijna uit tot de voeten. Geometrisch gezien voegde Cézanne een omgekeerde driehoek toe aan de gelijkzijdige driehoek van het bovenlichaam. Door de herhaling van de ruiten in het behang wordt de achtergrond verenigd met de weergave van de figuur op de voorgrond. De schilder André Lhote toont zich in zijn *Traité de la peinture* uit 1950 ontroerd door deze herhaling van vormen: 'De intelligente lijn dringt zich op tussen die modulaties om eraan te herinneren dat het gaat om het decoreren van de muur en een architectuur aan te kleden waarin de geometrie zich verstopt achter duizend glimlachen. Je proeft beter het ruitvormige ritme van die figuur die zo prompt opgesloten zit in een ruit of als een piramide die op een tafel met stevige poten is gezet. Ook de schitterend buitensporige handen zijn ruitvormig, terwijl de barokke geest, hier en daar, zijn kleine grillen verenigt met de striktheid van de regelende lijnen.'

De buitenproportioneel grote handen contrasteren in feite met het hoofd dat, in verhouding tot het lichaam, klein is, maar wordt gecompenseerd door de hoogte van de muts.

Bruine kleuren in oneindige gamma's overheersen, om de band van de boer met de aarde te versterken. De kleur blauw bakent het personage af: hij verschijnt in de beide neerhangende armen, wiens denkbeeldige vereniging zou plaatsvinden in de eveneens blauwe muts. Bovendien is de bank, waarop het personage zit, geschilderd, als wilde hij hem van een kader voorzien. Het wit voert de blik naar het midden van het doek en dient, zoals zo vaak bij Cézanne, om licht op het gezicht te laten vallen.

Bomen en rotsen (De rode rots)
1900 – olie op doek – 91 x 66 cm
Musée de l'Orangerie, Parijs

Van de rots die naam geeft aan het doek zien we maar een fragment rechts en dat gebruikt Cézanne om de compositie in te kaderen en de blik naar de bomen op het tweede plan te leiden. De bomen zijn weergegeven met kleine penseelstreken van tegengestelde kleuren, waartussen de blauwe lucht aan de bovenkant en de aarde zichtbaar zijn, die even rood is als de rots. De aanwezigheid van de kleuren van de rots en de hemel tussen de bomen houdt de compositie samen.

De paarsblauwe hemel is typisch voor deze periode bij Cézanne, waarin hij meer met secundaire kleuren speelde en met de tegenstelling tussen de lila hemel en de oranjetinten van de rotsen en de bodem en het groen van de bomen.

De duidelijke zwarte contour van de rots hielp hem volume te geven, want in het andere geval zou je een veel vlakker oppervlak zien. De contour is ook gebruikt om de takken van de bomen aan te zetten. Het is waarschijnlijk dat de vorm van de rots niet exact zo was, noch precies zo'n rechte wand had. In de schilderijen van grote rotspartijen schilderde Cézanne doorgaans de sensaties die deze produceerden, eerder dan hoe ze er precies uitzagen. Vandaar dat sommige ronder lijken en andere zelfs een antropomorf karakter aannemen.

De Provence en het landschap bij Cézanne

Het werk van Cézanne is zeer verbonden met zijn geboortestreek,
de Provence, die behalve zijn toevluchtsoord, ook de plaats was waar hij
de noodzakelijke rust en eenzaamheid vond om te schilderen.

De huidige weg naar de Côte d'Azur en de toeristische route naar het strand passeren vlak langs Jas de Bouffan en de demografische en industriële groei zijn het platteland inmiddels binnengedrongen, met de raffinaderijen in de Rhône-delta, dicht bij de plaatsen waar Cézanne schilderde. Het dal van de Arc en de Mont Sainte-Victoire zijn echter nog bijna hetzelfde en nog steeds te herkennen van zijn schilderijen. De schilder had de minst veranderende plaatsen geselecteerd: een verlaten steengroeve die onmogelijk is te urbaniseren, het profiel van een berg aan de horizon… terwijl hij zich van andere plekken verwijderde, zoals L'Estaque, dat als slachtoffer van een florerende industrie steeds bevolkter raakte en met zijn schoorstenen te veel het landschap aantastte.

De Provence is een van de oudste door de mens bewerkte landschappen. Er zijn tal van prehistorische nederzettingen en monumenten en ook Romeinse resten. Het werd bewoond door de Oost-Goten, de West-Goten, de Franken en de Arabieren, tot de opname in de Franse staat in 1486. Het hof van de graven van de Provence trok zich terug in de kleine paleizen in de hoofdstad Aix-en-Provence. De 300 volgende jaren waren lethargisch, ver van Parijs, maar dit isolement zorgde er wel voor dat de streek zijn taal en gebruiken behield.

De Franse revolutie werd in de Provence uitgeroepen en hier werd ook haar hymne geboren, de *Marseillaise*, gezongen door de troepen die vanuit deze havenstad vertrokken. Men dacht destijds dat de Provence een bloei zou gaan doormaken, maar dat gebeurde pas toen men halverwege de negentiende eeuw de eerste spoorlijnen aanlegde en het industrialisatieproces op gang kwam. Er werden bakstenen, verf, textielproducten, voedingsmiddelen en alcoholische dranken geproduceerd.

Ook vóór de opkomst van het impressionisme installeerden schilders hun ezels al in de openlucht. Camille Corot schilderde al landschappen direct op klein formaat. De meerderheid van de leden van de School van Barbizon, waarvan Cézanne zich een opvolger voelde, maakte zijn schetsen in de openlucht, om ze daarna uit het hoofd te voltooien in het atelier. Johan Barthold Jongkind en Eugène Boudin hadden de mogelijkheden ontdekt van het landschap in Normandië en deze laatste droeg zijn kennis over op de jonge Claude Monet die hem op zijn beurt weer overbracht op de groep impressionisten.

Cézanne schilderde soms op geprepareerd papier dat hij later op linnen plakte. Dit was een in de achttiende en aan het begin van de negentiende eeuw veel gebruikte techniek. Men maakte schetsen in de openlucht en bracht die later naar het atelier waar het werk werd afgemaakt.

Hij had in het museum van Aix al de zaal kunnen zien die was gewijd aan François-Marius Granet (1775-1849), een schilder uit dezelfde plaats, vriend van Jean-Auguste-Dominique Ingres, die Italiaanse motieven schilderde in de openlucht, met veel licht en een spontane penseelvoering. Hij wijdde ook serie aan de Mont Sainte-Victoire.

Op de École de Dessin van Aix kon Cézanne naar de natuur naakten en stillevens kopiëren, maar het enige wat je daar niet leerde was de studie in de openlucht van de natuur zelf. Er zijn aanwijzingen dat Cézanne al in 1862 in de openlucht schilderde, maar in de Provence zou hij dat pas in 1865 doen en vooral een jaar later, tijdens zijn

Maar weinig schilders hebben zoveel werk over deze streek gemaakt, en men moet bedenken dat in de tijd van Cézanne de kunstwereld zich exclusief concentreerde in Parijs, waardoor in de openlucht (à plein air) gemaakte landschappen altijd van de stad of haar omgeving waren.

Gezicht op de Mont Sainte-Victoire. Deze berg vormt de achtergrond van veel van Cézannes schilderijen die hij in de openlucht maakte. Mont Sainte-Victoiren ging geleidelijk aan een grotere rol spelen, tot hij aan het eind van Cézannes carrière een obsessie werd.

Paul Cézanne, Molensteen in het park van het
Château Noir, *1892, olie op doek, 73,5 x 92 cm.*
Philadelphia Museum of Art, Philadelphia.

zomer samen met andere kunstenaars in
Bennecourt, in het noorden van Frankrijk.
Tot dan was de natuur niet meer dan een
achtergrond voor zijn fantastische thema's.
Na de vakantie schreef hij op 19 oktober
1866 vanuit Aix aan Zola: 'Ik zie hier
prachtige dingen en zal moeten besluiten
uitsluitend in de openlucht te schilderen.'

In 1870 vatte hij landschap weer op als
voornaamste protagonist op zijn *Smeltende
sneeuw in L'Estaque*, zij het nog wel met een
compacte techniek, met clair-obscur en een
persoonlijke interpretatie van het landschap.
Beetje bij beetje werd zijn belangstelling
voor onveranderlijke landschappen sterker,
waaraan hij de winterharde vegetatie van de Provence
toevoegde en zijn behandeling van de natuur als éénmaker van contrasterende krachten, inclusief van de
balans tussen mens en natuur. Na zijn verblijf in Auvers
en Pontoise in 1873 bij Pissarro, werd Cézannes palet
vloeiender, met helderder kleuren, aangebracht met
zachtere penseelstreken. 'Pissarro "prikte" op het doek,
terwijl Cézanne er verf op smeet,'vertelde een boer die
ze had zien schilderen. Vanaf dat moment werden de
landschappen ruimtes waarin de mens harmonieus kon
samenleven met de natuurlijke omgeving.

In 1874 vond de eerste impressionistische tentoonstelling plaats, die louter slechte kritieken oogstte, met
name voor de doeken van Cézanne. De schilder besloot
daarop een tijd van reflectie in te lassen in de Provence.
Door de opdracht van twee zeegezichten door Victor
Chocquet herontdekte Cézanne het landschap van de
Provence weer in L'Estaque. Geëmotioneerd schreef hij
op 2 juli 1876 een brief aan Pissarro over het landschap
dat hij voor zich zag: 'Het is een plaatje, rode daken
boven de blauwe zee...' En hij maakte melding van de
onveranderlijkheid van de vegetatie. Zijn kritiek op
impressionistische landschappen was dat die werden
opgevat als platte vorm. 'Ik kan me vergissen, maar dat
lijkt mij het tegenovergestelde van modelleren.'

Over het landschap van L'Estaque schreef hij aan Zola:
'Niets is te vergelijken met het wilde majestatische van
deze bergpassen die wegzinken tussen de bergen: tussen kurkdroge hellingen, hellingen met pijnbomen en
wanden van geroest rood en de kleur van bloed, kronkelen smalle paadjes naar de bodem van de afgrond.
Soms komen de passen uit op een schaars met olijfbomen bezaaid veld, dat zich uitstrekt over een inzinking
in het dal, of je ontdekt een verborgen huis met een
gekleurde gevel en gesloten blinden. Daarna wegen vol
bramen, ondoordringbaar kreupelhout, opgestapelde
stenen, droge rivierbeddingen: alle verrassingen van een
mars door de woestijn.'

*De keuze om het landschap van de Provence te
schilderen was misschien zowel van persoonlijke
als technische aard. Het was zijn geboortestreek,
hij voelde zich er zeker. Vooral nadat hij een tijd
in Parijs had doorgebracht, waar hij noch aan de
omgeving noch aan de mensen kon wennen.
Het platteland was zijn toevluchtsoord.*

Cézanne wist zich onbegrepen door de kritiek en het
Parijse publiek, geïsoleerd van zijn collega-schilders, verwijderd van zijn vader, die niet wist van het bestaan van
zijn vrouw en kind, werd geplaagd door zijn moeder en
zijn zus Marie, die maar bleven aandringen dat hij moest
trouwen, en was weinig tevreden over zijn relatie met
Hortense...

In zijn natuuropvatting hechtte Cézanne groot belang
aan de geologie. Hij had die in zijn jeugd grondig bestudeerd en in zijn eerste tekenschriften staan geologische
termen en illustraties over bergen en hun samenstelling,
met de hand geschreven door zijn vriend Antoine-Fortuné Marion, toekomstig wetenschapper en vrijetijdsschilder. 'Om een landschap goed te kunnen schilderen, moet
ik eerst de geologische opbouw kennen... Op een ochtend, de volgende dag, zie ik langzaam de geologische
basis ontstaan, de lagen nemen vorm aan, de grote vlakken van mijn linnen (...) De geometrie, de maat van de
aarde,' verklaarde hij aan Joachim Gasquet.

Tussen 1874 en 1899 wisselde Cézanne een halfjaar
in het noorden telkens af met een halfjaar in de Provence. Hoewel die eerste jaren de zuidelijke landschappen
nog op die van het Île-de-France lijken, lijken die laatste
vanaf de jaren 1880 juist gemaakt in de Midi, in zo'n mate
dat enkele van zijn landschappen niet geïdentificeerd
kunnen worden en men niet weet waar ze zijn geschilderd.

Van de stad Aix bestaat er niet één gezicht op een
straat of plein. Cézanne uitte met enige regelmaat zijn

Paul Cézanne, Fabrieken bij de Cengle-
bergketen, 1869-70, olie op doek, privé-collectie.
In de negentiende eeuw bood de Provence een
overwegend agrarisch landschap, dat de eerste tekenen
van een dreigende industriële exploitatie vertoonde.

*Cézanne wilde plaatsen nooit precies vastleggen
zoals ze waren. Hij interesseerde zich niet voor
ansichtkaarten of realistische beelden, die immers
geen zin meer hadden na de ontdekking
van de fotografie.*

afkeer van de veranderingen die de zogenaamde vooruitgang veroorzaakte in de landschappen van zijn jeugd:
'De stad Aix is verknoeid door stedenbouwkundigen. Je
moet je haasten als je nog wat wilt zien. Alles verdwijnt,'
zei hij tegen Émile Bernard. En tegen de archeoloog Jules
Borély: 'Wat me het meest bevalt is mensen te zien die
oud zijn geworden zonder hun gewoontes geweld aan
te doen door de wetten van de tijd te accepteren. Ik ver-
acht de consequenties van die wetten.'

In een brief aan zijn nichtje van 1 september 1902
schreef hij: 'Helaas is dat wat we vooruitgang noemen
niet meer dan de invasie van tweevoetigen die niet
rusten totdat ze alles hebben veranderd in vreselijke pro-
menades met gaslampen of, nog erger, elektrisch licht!
In wat voor tijden leven we!'

Vanaf 1882 begon hij aan de eerste serie over de Mont
Sainte-Victoire, wat ook voor hem een persoonlijke tri-
omf was, 'de zon van Austerlitz van de schilderkunst',
volgens een brief aan de schrijver Louis Aurenche van
25 september 1903. De berg bood zijn eerste aanblik
vanaf het eigendom van zijn zwager Maxime Conil in
Bellevue en vanaf Jas de Bouffan. Hij schilderde hem
daarna vanuit andere hoeken (Gardanne, de weg naar
Le Tholonet of Bibémus) en tussen 1904 en 1906 vanaf
de Chemin des Lauves.

Halverwege de jaren 1890 ging Cézanne zijn contourlijnen vervangen door naast elkaar liggende penseelstreken van contrasterende kleuren, die vorm gaven aan de
landschappen die hij voelde, doorleefde en waarnaar hij
terugverlangde. Hij wilde ook niet dat zijn werk een
getuigenis in beelden zou worden.

Enkele van degenen die samen met Cézanne 'op zoek
naar het motief' gingen, zoals de schilder zelf graag zei,
hebben overgeleverd hoe dat in zijn werk ging. Om een

landschap te vinden waar een schilderij van
gemaakt kon worden, keek hij naar de horizon en stak hij zijn handen omhoog met de
tien vingers gespreid, hij bracht ze langzaam
naar elkaar toe tot ze samen kwamen en
kruiste ze. 'Het is noodzakelijk dat er niet één
te zwakke vlek is, een gaatje waardoor de
emotie, het licht of de waarheid kunnen ontsnappen. (…) Met dezelfde drijfveer, in hetzelfde geloof, verzoen ik alles wat uit elkaar
drijft… Alles wat we zien, drijft uit elkaar, niet-
waar, verdwijnt… De natuur is altijd hetzelfde, maar van
haar zichtbare verschijning blijft niets over. Onze kunst
moet de huivering van haar permanentie produceren
met de elementen, de verschijning van al haar veranderingen. Zij moet ons het eeuwige laten proeven (…)
Maar als ik de minste afleiding heb, de minste inzinking,
vooral als ik een dag te veel interpreteer, als een theorie
vandaag ertoe leidt dat ik degene van de avond ervoor
verwerp, als ik denk bij het schilderen, als ik er tussen-
kom, boem! Dag landschap,' verklaarde hij in een brief
aan Gasquet.

Cézanne onderscheidde direct een motief in een landschap, waarvoor het een model of een geïsoleerd object
zou kunnen zijn dat apart bestudeerd moest worden.

Van impressionistische kunst vond hij dat het 'de
refractie van kleuren op het linnen en hun synthese in
het oog' was. 'Daar moeten we in doordringen. *Les falai-
ses (De kliffen)* van Monet zullen altijd een wonderbaar-
lijke serie beelden blijven, net als honderden andere
werken van hem… Hij heeft de flonkering van de regen-
boog van de wereld geschilderd. Hij heeft het water
geschilderd… Maar in de vluchtigheid van al die dingen,
op die schilderijen van Monet, moet je consistentie brengen, een geraamte.' Wat Cézanne zocht was een synthese tussen de permanentie en de veranderingen die de
natuur kon ondergaan.

In feite ging hij daarin zo ver dat in zijn werk zelfs
niet de specifieke omstandigheden van een landschap
te zien zijn: in welke tijd van het jaar ze werden geschilderd, hoe laat, welke activiteit er in zich deze ruimte
afspeelde…

Daarom kunnen we tegenwoordig door de landschappen van de Provence lopen die hij heeft afgebeeld
en, met uitzondering van de gezichten op het dorp
L'Estaque, zijn ze nog steeds hetzelfde: de steengroeve
van Bibémus, de Mont Sainte-Victoire… Zelfs mensen
die voor het eerst in deze streek komen, ervaren een
schok, als ze dezelfde kleuren, dezelfde sfeer en dezelfde sensaties herkennen die werden weergegeven door
de schilder: de sterke zon, de blauwe lucht, de heldere
atmosfeer en de door de Mistral gegeselde vegetatie.

Dame in blauw
1900-1904 – olie op doek – 88,5 x 72 cm
Museum van de Hermitage, Sint-Petersburg

De identiteit van deze vrouw, die ook op een ander doek van Cézanne uit 1900, *Dame met boek*, verschijnt, is onbekend. Sommige critici hebben in haar Marie of Rose gezien, de twee zussen van Cézanne, wat onwaarschijnlijk lijkt, aangezien de relatie tussen hen vanwege de familie-erfenis niet zo soepel was als jaren eerder. Anderen neigden meer naar madame Brémond, zijn huishoudster en kokkin in deze periode, die al eerder, chic gekleed met hetzelfde pakje met blauwfluwelen revers en bijpassende hoed, zou hebben geposeerd en die ook te zien zou zijn op *Dame met boek*.

Deze vrouw heeft een serieuze maar eerbiedwaardige blik, met een zekere air van vermoeidheid en afwezigheid, misschien vanwege de lange uren poseren als model, aangezien Cézanne voor een portret ongeveer 150 sessies nodig had. Ondanks dat is haar gezicht toegankelijker en expressiever dan dat op de portretten die hij van Hortense maakte.

De vrouw leunt op een tafel met hetzelfde oosterse kleed dat te zien is op *Drie schedels op een oosters kleed* uit 1898 en dat twee jaar later in vereenvoudigde vorm opduikt op de aquarel *Stilleven met blauwe melkkan* uit 1900.

Het perspectief van de bovenkant van de tafel is irreëel. Hij lijkt naar de beschouwer te kantelen, ware het niet dat hij wordt tegengehouden door de linkerachtergrond, met zijn schuine lijnen, waarvan de vormen onbestemd zijn.

Het gezicht en de handen worden sterk verlicht en bovendien benadrukt door een donkere profiellijn, op de manier van de portretten uit de zeventiende eeuw. Volgens enkele critici is dit het meest barokke van Cézannes laatste portretten.

Grote baadsters

1900-1905 – olie op doek – 132,4 x 219,1 cm

The Barnes Foundation, Merion, Philadelphia

Van alle doeken die deel uitmaken van de laatste serie *Grote baadsters* is dit het schilderij met het dikste en onregelmatigste oppervlak, wat herinnert aan het begin van de carrière van de schilder: 'Ik wilde met de materie zelf schilderen, zoals Courbet,' zei Cézanne.

De penseelstreken zijn aangebracht in dikke en transparante lagen. Maar ondanks dat we door de dikke verflaag niet duidelijk kunnen zien of het formaat van het linnen werd aangepast, lijkt het alsof er rechts een stuk is bijgevoegd.

Dit is, van de drie *Grote baadsters*, degene die het gewelddadigst overkomt, en ook daarom wordt dit het meest geassocieerd met het vroege werk van Cézanne, dat nog sterk onder romantische invloed stond. Het decor lijkt bijna toneelmatig, met een sterk contrasterend spel van licht en schaduw. Zelfs de smalle en lange takken van de bomen hebben het uiterlijk van pijlen. Parallel aan de rechterkant hangend, lijken ze zich te richten op de stam links, wat voor een groot gevoel van instabiliteit zorgt.

Het doek vertoont niettemin veel overeenkomsten met de twee andere *Grote baadsters*, zoals bijvoorbeeld de schikking van de vrouwen in een kring, met een hond en een mand met eten op de voorgrond. Er loopt ook een figuur naar de achtergrond, dichter bij waar je het water vermoedt. Het is niet duidelijk of het een strand is of een rivieroever, hoewel de beperkte diepte doet denken aan een niet erg open ruimte.

De hond zou een autobiografische verwijzing zijn: Black, een klein zwart hondje dat Cézanne en zijn vrienden op hun uitjes naar de rivier vergezelde.

De Mont Sainte-Victoire gezien vanuit Les Lauves
1902-1904 – olie op doek – 69,8 x 89,5 cm
Philadelphia Museum of Art, Philadelphia

Anders dan op de andere gezichten op de berg, waar op de voorgrond de vlakte is te zien vanwaar Cézanne de Sainte-Victoire schilderde, zien we hier een serie donkere vlekken.

Op het tweede plan zien we de in geometrische vormen uitgespreide huisjes. Dit vlak is opgebouwd uit afwisselende groene en gele penseelstreken. Sommige van deze groene vlekken vormen diagonale lijnen die de blik vanaf rechts van het doek naar de basis van de berg leiden en zo perspectief geven aan de vlakte.

De berg strekt zich uit op de achtergrond, in violette tinten, maar eveneens doorspekt met groene en okerkleurige vlekken, zoals op het tweede plan, waarmee hij zo een gevoel van eenheid deelt. Het schilderij wordt verlevendigd door een hemel met brede onregelmatige stukken in tinten lavendel en heel lichtblauw, waarbij sommige delen niet zijn beschilderd, die zo voor sterke contrasten en veel licht zorgen.

De rest van het linnen is beschilderd met korte en snelle penseelstreken. Over het algemeen is de textuur van het linnen uniform en egaal. Het lijkt meer op een wandkleed dan op een schilderij, aangezien de penseelstreken verweven lijken, van links naar rechts en van boven naar beneden, waarbij het groen een verenigend oppervlak vormt waarop de andere tinten zijn aangebracht (oker voor het land en blauw en lavendel voor hemel en berg).

Het geheel vormt het meest complexe schilderij uit de serie over de Mont Sainte-Victoire en, misschien door zijn zeer subtiele techniek, ook het minst expressieve, want de echte sfeer van het landschap is er niet in te zien, waaraan het een zekere mysterieusheid geeft; en daarin schuilt juist de aantrekkelijkheid ervan.

De Mont Sainte-Victoire gezien vanuit Les Lauves
1902-1906 – olie op doek – 65 x 81,3 cm
Nelson-Atkins Museum of Art, Kansas City

Zoals de meeste landschappen van Cézanne bestaat dit uit drie horizontale banen die de drie vlakken van het schilderij vormen. Het voorste plan, het dichtst bij de beschouwer, is de plek waar Cézanne het doek schilderde. Om een idee van nabijheid te geven is het geschilderd in een zeer levendig groen, voorzien van duidelijk te onderscheiden amandelbomen. Het tweede plan wordt gekenmerkt door een grote uniformiteit in donkerder tinten dan het eerste; het bestaat uit een serie minder duidelijke vlekken, waartussen je huizen vermoedt door vormen die op daken lijken. Dit tweede plan voert omhoog naar de berg op de achtergrond, die sterk gemarkeerd is door blauwe en grijze penseelstreken.

De berg op dit schilderij is de sierlijkste van alle. Dat komt deels doordat de schaduwen van zijn hellingen in dezelfde blauwe tint zijn geschilderd als de contourlijn, en doordat hij is doorspekt met dezelfde lichtgroenblauwe toetsen als de hemel. Of het komt door de weergave van de berg of door de harmonieuze kleurencombinatie, zeker is dat het gevoel dat dit doek overbrengt van een grote verhevenheid is.

Cézanne begon de tweede serie schilderijen van de Mont Sainte-Victoire in 1902. Er bestaan heel veel werken met deze titel. In ieder geval kon hij in het nieuwe atelier aan de Chemin des Lauves vanuit de grote ramen elk uur van de dag de berg zien, met verschillende licht- en kleurschakeringen. Voor veel critici vormen deze werken de culminatie van het landschapsgenre bij Cézanne, want hierop lijkt de berg een magische verschijning te zijn geworden, steeds minder nauwkeurig getekend maar met een steeds grotere aanwezigheid.

Stilleven met groene meloen
1902-1906 – waterverf en potlood – 31,5 x 47,5 cm
Privé-collectie

In hetzelfde jaar dat Cézanne aan deze aquarel begon (die hij door zijn obsessieve manier van werken pas vier jaar later afmaakte), schreef hij aan zijn vriend de schilder Charles Camoin een brief waarin hij het belang van de studie van de natuur uiteenzette. Daarin raadt hij hem aan naar het Louvre te gaan om 'de grote decoratieve meesters, Veronese en Rubens' te kopiëren, 'maar dan of u het naar de natuur doet – iets waarin ik alleen op een louter onvolledige manier ben geslaagd.'

De laatste aquarellen van Cézanne zijn een oefening in directe waarneming, een onderzoek naar de invloed van enkele voorwerpen op andere. In dit werk richt hij zich op de reflecties en transparanties van een leeg glas, in combinatie met een meloen en een mand links, en een tak met bladeren en een appel rechts.

Het licht, een centraal thema in het impressionisme, wordt bij Cézanne niet behandeld als een veranderlijk element, maar als voorwaarde voor de waarneming van de voorwerpen, als bepalend voor hun essentie. Zo zien we in deze aquarel, na de transparantie van het glas op de voorgrond, een meloen die licht lijkt te stralen op de achtergrond, op de takken en op de appel; licht dat zich achter het glas verspreidt en daarop zelfs een groene schaduw projecteert. Ook de appel projecteert zijn geel en rood op de belendende elementen en weerspiegelt zich in het glas.

Deze chromatische interactie blijft in evenwicht door het wit dat de voorwerpen omgeeft, tussen de takken rechts en in het kleed in de mand links. Het wit, dat Cézanne in de jaren 1880 begon te gebruiken om licht en volumes in zijn schilderijen te brengen, is een fundamenteel element in de aquarellen van de schilder, die telkens meer oppervlakte onbeschilderd liet.

In andere stillevens van deze periode, vooral in de olieverfschilderijen, was het belangrijkste motief het evenwicht tussen de volumes. Hier lijkt dat slechts secundair, omdat de meloen, de meest volumineuze figuur, in het midden ligt, achter het glas, om zijn volume juist te reduceren.

Blauwe pot en wijnfles

1902-1906 – potlood en waterverf op vergeeld papier – 47,6 x 59,7 cm
Pierpont Morgan Library, The Thaw Collection, New York

Deze prent is een technisch spel tussen beweging en stabiliteit. In het verhoogde perspectief vormt de tafel een grote witte ruimte met een groep voorwerpen halverwege.

We zien een hoop appels bij elkaar liggen met rechts een mes en een fles. Links een blauwglazen kruik en een soepterrine op de achtergrond.

De horizontaliteit wordt onderbroken door de fles, die fragmentarisch is gebleven en het mes dat aan de rechterkant tot zijn bodem loopt. Dit middel werd gebruikt in de stillevens van Jean-Baptiste-Siméon Chardin, zoals in *Stilleven met uien* uit 1896.

Vooral de snel over de aquarel gezette, lange potloodstrepen trekken de aandacht. Waar Cézanne in zijn olieverfschilderijen altijd volume probeerde weer te geven via kleur, probeerde hij in zijn laatste aquarellen volume weer te geven via de tekening.

De verschillende texturen zijn gerealiseerd met behulp van een verschillende penseelvoering. Die is compacter voor de zwaardere elementen, zoals de blauwe kruik of het mes, en tot het maximum verdund voor de fles, om zijn transparantie beter te tonen, iets waarvan de schilder erg hield.

De appels zijn gemaakt in overeenstemming met de plaats die ze innemen in de ruimte; de dichtstbijzijnde appels met gele en groene vlekken, later omringd door een blauwzwarte waterverfcontour. De appels op de achtergrond zijn daarentegen alleen geschetst met potlood, met vergelijkbare contouren als de appels op de voorgrond.

Het effect van de aquarel is van een grote originaliteit. 'Men praat inderdaad meer en misschien beter over schilderkunst als men werkt tegenover het motief dan wanneer men praat over puur speculatieve theorieën waarin men zich regelmatig verliest,' schreef hij aan de jonge schilder Charles Camoin, die hij op deze manier aanspoorde zelf te experimenteren, zoals Cézanne ook altijd had gedaan en dat vooral bleek uit laatste werken als deze.

Rotsen nabij de grotten boven Château Noir
1904 – olie op doek – 65 x 54 cm
Musée d'Orsay, Parijs

In deze periode bleef Cézanne, ondanks het grote succes dat zijn werk al kende, negatieve kritieken ontvangen. Onvermoeibaar schreef hij in 1905 naar zijn vriend, de schrijver Louis Aurenche: 'Ik blijf werken zonder me zorgen te maken over kritiek noch critici, zoals een echt kunstenaar moet doen (…) het werk zal me gelijk geven.'

Hij werd feitelijk al jaren zeer bewonderd door collega-kunstenaars, waarvan er enkele zijn werk kochten. Dat geldt ook voor dit landschap, waarvan Henri Matisse de eerste eigenaar was. Matisse was een groot bewonderaar van Cézanne en bezat ook twee portretten, een stilleven en de *Drie baadsters* uit 1897.

Over dit doek verklaarde Matisse: 'Cézanne gebruikte blauw om zijn geel te laten spreken, maar hij gebruikte het met het inzicht dat uniek was voor hem.'

Deze mix van kleuren duikt ook op in andere motieven rond het Château Noir en de steengroeve van Bibémus, zoals *De steengroeve van Bibémus* uit 1895, waarop bomen en rotsen worden vermengd.

Deze elementen zijn ook de protagonisten op dit werk, dat perspectief noch horizon kent. Slechts een klein stukje hemel lijkt een ontsnappingsroute te bieden uit deze gesloten ruimte. Dit ontbreken van een verdwijnpunt is typisch voor de gezichten op de steengroeve en de bossen rond Aix vanaf de jaren 1890.

Vlakte met huizen en bomen
(Vlakte met de Mont Sainte-Victoire)
1904-1906 – olie op doek – 65 x 81 cm
Kunsthaus, Zürich

De Mont Sainte-Victoire vormde het favoriete landschap van Cézanne in zijn laatste jaren en hij schilderde hem talloze malen vanaf steeds andere plaatsen. In dit geval werd de berg geschilderd vanuit het dorpje Gardanne.

Op elk doek uit deze serie zien we een geometrischer landschap dan op het vorige, gemaakt met een nog vrijere penseelvoering. Dat geeft aan deze werken een steeds abstracter uiterlijk. Je zou kunnen zeggen dat het werk van Cézanne zich aan het begin van de twintigste eeuw sneller ontwikkelde en vooruitliep op kunstbewegingen die soms zelfs pas halverwege de eeuw zouden ontstaan.

Een ander kenmerk dat de evolutie van deze panorama's markeert, is dat Cézanne de berg steeds meer benadrukte boven de rest van het landschap. De berg kreeg een steeds groter formaat en chromatisch gezien lijkt de compositie in dit geval zelfs horizontaal verdeeld te zijn. De bovenste strook heeft enkele blauwtinten die niet voorkomen in de rest van het dal, alsof de berg meer tot de hemel hoort dan tot de aarde, alsof hij gewichtloos is en boven de horizon hangt.

Op de vlakte domineert een kleurencombinatie die een gevoel van licht creëert. Daar dragen de onbeschilderde oppervlakken aan bij, die de blik naar de horizon leiden.

Binnen deze horizontale oppervlakken zijn de penseelstreken lang en vloeiend op de voorgrond, terwijl ze op de achtergrond zijn opgebouwd uit kleine kleurtoetsen.

Château Noir

1904-1906 – olie op doek – 73,6 x 93,2 cm
Museum of Modern Art, New York

Als gevestigd en zeer gewild schilder ontving Cézanne constant verzoeken om van agent te veranderen, om zijn doeken direct te verkopen of om gewoon bezoek te ontvangen in Aix. De schilder wimpelde dat zoveel mogelijk af, niet alleen vanwege zijn weinig sociale karakter, maar ook omdat hij tevreden was over de afhandeling door Ambroise Vollard.

Daarom stond Cézanne galeriehouder Bernheim-Jeune wel toe hem te bezoeken, maar alleen 'als mijn bijdrage beperkt blijft tot het uiteenzetten van mijn theorieën en het uitleggen van het permanente doel dat ik mijn hele leven nastreef.'

De schilder Émile Bernard bezocht hem om andere redenen, voor de eerste keer op 4 februari 1904, het jaar waarin Cézanne aan dit schilderij begon. Hij bleef een maand en begeleidde Cézanne elke dag bij het werken naar de natuur in de omgeving van het Château Noir en de Mont Sainte-Victoire.

In een brief van 15 april 1904 raadde Cézanne Bernard aan: 'Je moet de natuur als cilinder, bol en kegel behandelen, alles in perspectief gezet, zodat elke kant van een voorwerp, een vlak, naar een centraal punt leidt. De parallel aan de horizon lopende lijnen zorgen voor zijwaartse uitbreiding, hetzij van een deel van de natuur, hetzij, als u dat liever hebt, van het schouwspel dat onze Pater omnipotens aeterne Deus voor onze ogen ontvouwt. De lijnen die loodrecht op de horizon staan geven diepte. Nu is voor ons mensen de natuur meer een zaak van diepte dan van oppervlakte; vandaar de noodzaak om in onze, door rood en geel weergegeven lichtvibraties een voldoende hoeveelheid blauw aan te brengen zodat je de lucht voelt.' Voor wie de principes wil kennen waarop Cézanne dit soort werken baseerde, zijn deze woorden ongetwijfeld zeer verhelderend.

Grote baadsters
1906 – olie op doek – 208,3 x 251,5 cm
Philadelphia Museum of Art, Philadelphia

Enkele van de laatste bezoekers die Cézanne ontving in zijn atelier aan de Chemin des Lauves waren verzamelaar Karl Ernst Osthaus en zijn vrouw, die speciaal uit Westfalen waren gekomen om de schilder te bezoeken. Bij die gelegenheid zagen ze dit doek. Osthaus omschreef het zo: 'Op de ezel stond een stilleven waarmee hij nog maar net was begonnen en het hoofdwerk van zijn late jaren, *De baadsters*. De lange stammen van de bomen bogen zich als het gewelf van een kathedraal, waaronder de scène van het bad was afgebeeld.'

Het maakte ook indruk op Joachim Gasquet: 'Ik zag destijds een schitterend doek, bijna voltooid, in het trapgat op Jas de Bouffan. Het hing daar drie maanden, daarna draaide Cézanne het met zijn aanzicht naar de muur en daarna verdween het. Hij wilde niet dat je erover sprak, zelfs niet als het glansde in het zonlicht en je er langs moest om in zijn atelier op zolder te komen. Wat is ermee gebeurd? Wat hem zo obsedeerde was een baadscène met vrouwen onder bomen, op een veld. Hij maakte minstens twintig kleine schetsen, waaronder twee of drie hele mooie doeken, helemaal uitgewerkt; een veelheid aan tekeningen, aquarellen en schetsboeken, die de la van de commode in zijn kamer of de tafel in zijn atelier nooit verlieten.'

Op dit schilderij zien we veertien baadsters op de voorgrond, een andere die in de rivier zwemt en nog twee op de andere oever. Rechts leunt een van hen tegen een boom, met dezelfde houding als de Venus van Milo die Cézanne in zijn schriften had getekend. De vrouwen links zitten rond een hond, maar verder ontplooien de vrouwen diverse activiteiten. Allen worden beschut door de boomstammen, die zich buiten de rand van het schilderij lijken te verenigen. Een aantal houdingen van deze vrouwen werden door Pablo Picasso overgenomen op zijn eerste kubistische schilderij *Les demoiselles d'Avignon*.

Anders dan de andere schilderijen met baadsters, waarop de sfeer meer gesloten lijkt en er amper diepte is, zijn hier bergen en takken weggelaten en vervangen door de boomstammen, die naar elkaar neigen als een gewelf in de vorm van een spitsboog.